CORRIGÉ

DES

EXERCICES ORTHOGRAPHIQUES

GRADUÉS ET CALQUÉS SUR LES

NOUVEAUX ÉLÉMENTS

DE LA GRAMMAIRE FRANÇAISE DE LHOMOND

SUIVIS D'EXERCICES SUR LES HOMONYMES
ET D'UN PETIT TRAITE D'ANALYSE

A L'USAGE DES ÉCOLES PRIMAIRES

NOUVELLE ÉDITION

Complétement refondue

Par M. S. PAUCHET

Ancien Élève de l'École Normale de la Somme
Auteur de plusieurs Ouvrages élementaires

AMIENS

CHEZ CARON ET LAMBERT

Imprimeurs-Libraires de Monseigneur l'Évêque

PLACE DU GRAND-MARCHÉ.

CORRIGÉ

DES

EXERCICES ORTHOGRAPHIQUES

GRADUÉS ET CALQUÉS SUR LES

NOUVEAUX ÉLÉMENTS

DE LA GRAMMAIRE FRANÇAISE DE LHOMOND

SUIVIS D'EXERCICES SUR LES HOMONYMES
ET D'UN PETIT TRAITÉ D'ANALYSE

A L'USAGE DES ÉCOLES PRIMAIRES

NOUVELLE ÉDITION

Complétement refondue

Par M. S. PAUCHET

Ancien Élève de l'Ecole Normale de la Somme
Auteur de plusieurs Ouvrages élémentaires

AMIENS

CHEZ CARON ET LAMBERT

Imprimeurs-Libraires de Monseigneur l'Évêque

PLACE DU GRAND-MARCHÉ.

Tout exemplaire non revêtu de la signature des Éditeurs, sera réputé contrefait.

Caron et Lambert

Amiens. Typ. de Caron et Lambert.

AVIS AUX MAITRES.

QUELQUE précises, quelque simples et rationnelles que soient les règles, elles n'échapperaient que trop souvent de l'esprit mobile des enfants, et la Grammaire ne serait guère pour eux qu'une vaine science de mots aussitôt oubliés qu'appris, si l'on n'avait soin de leur offrir, dans une suite d'Exercices, l'application continuelle de ces mêmes règles.

C'est intimement convaincu de cette vérité incontestable, que nous avons rédigé ce petit ouvrage, afin d'épargner, aux maîtres, des peines; aux élèves, des larmes, et de faciliter l'enseignement et l'étude si difficiles de la Langue française.

Mais loin de nous borner, comme la plupart de nos devanciers, à donner des exercices sur tout un chapitre entier, nous avons suivi pas à pas l'ordre indiqué dans notre Grammaire; de sorte que ce n'est pas seulement chaque chapitre, mais chaque numéro, qui a, selon son degré d'importance, des exercices plus ou moins étendus, gradués et appropriés à l'intelligence des enfants.

Nous nous sommes bien gardés d'adopter le procédé détestable de la *cacographie* ou l'*écriture fautive*, que l'on emploie encore dans quelques ouvrages de ce genre. En effet, vouloir enseigner l'orthographe aux enfants, en leur présentant une foule de mots monstrueusement défigurés, n'est-ce pas prétendre leur faire pratiquer la vertu, en les faisant passer d'abord par tous les degrés du vice? Cette invention déplorable doit être proscrite de l'enseignement. Ne savons-nous pas que l'œil *a aussi sa mémoire*, et qu'il ne faut lui offrir que des exemples bien orthographiés, si l'on ne veut pas qu'il devienne un instrument d'erreur?

Dans nos Exercices, l'*orthographe usuelle*, proprement dite, est toujours respectée; car rien ne saurait faire soupçonner à l'élève que tel mot est bien ou mal écrit. Les seules fautes que nous ayons introduites, à dessein, ne portent jamais que sur l'*orthographe grammaticale* ou *de principes*, qui a des règles fixes (*). Ainsi, pour retirer quelques fruits de notre travail, avant de commencer un exercice, il suffit que l'élève se pénètre bien de la règle qui en fait l'objet. Il en est de même pour les Exercices récapitulatifs.

Dans les Exercices sur les homonymes, il faut avoir recours au dictionnaire, puisque c'est l'usage qui fait la loi.

Quant à l'analyse, *grammaticale* ou *logique*, on doit se conformer ponctuellement aux principes qui y sont développés.

Les maîtres ne sauraient trop souvent interroger les élèves. Demander, pour l'*analyse grammaticale*, pourquoi tel mot est *nom*, *propre* ou *commun*, *masculin* ou *féminin*, *singulier* ou *pluriel*, *sujet* ou *complément* d'un verbe; pourquoi tel mot est *article*, *adjectif* ou *pronom*, avec tous les développements nécessaires; pourquoi il est *verbe*, *actif*, *neutre*, *passif*, etc., à telle *conjugaison*, à tel *mode*; la *personne*, le *nombre*, le *temps*, *simple* ou *composé*, *primitif* ou *dérivé*, quel est son *sujet* ou son *complément*, etc., etc. Pour l'*analyse logique*, demander pourquoi tel mot est *sujet* ou *attribut*, *simple*, *composé*, *complexe* ou *incomplexe*; pourquoi il est verbe, *distinct* ou *attributif*; pourquoi une proposition est *principale*, *absolue*, *relative*, *incidente*, *déterminative*, *explicative*; pourquoi une proposition est *pleine*, *directe*, *inverse*, etc., etc.

Enfin, rien n'a été négligé pour aplanir les difficultés, et pour donner de l'intérêt et de l'utilité à notre livre. Nous sommes persuadés qu'en suivant la route que nous avons indiquée, les élèves feront des progrès rapides en peu de temps, et nous espérons que notre travail obtiendra un accueil favorable de la part des Instituteurs et des Institutrices : c'est là notre unique désir.

(*) Voir l'*Orthographe* n° 404 de notre Grammaire.

INTRODUCTION.

Nous croyons aussi faire plaisir aux Maîtres et aux Élèves, en donnant ici la solution de quelques difficultés qui, en réalité, sont toujours *la pierre d'achoppement* des commençants. — Voici les principales : — Moyens de reconnaître :

1°. Un Nom. — C'est de voir, 1°. s'il représente une personne, un animal ou une chose ; 2°. s'il est placé après un article, c'est-à-dire après un des mots *l'*, *le*, *la*, *les*, *du*, *des*, *aux*, etc. ; 3°. ou si l'on peut y ajouter une qualité bonne ou mauvaise. Exemple : on dit très-bien *grand* ou *vain* orgueil ; *bonnes* lois, des lois *sages*, etc. ; donc *orgueil* et *lois* sont des noms.

2°. Un Article. — L'Article est facile à reconnaître, car les seuls articles que nous ayons, sont : *l'*, *le*, *la*, *les*, qu'on appelle *articles simples*, et *du*, *des*, *au*, *aux*, qui sont des *articles contractés ;* mais il faut que ces mots soient placés devant un nom.

3°. Un Adjectif. — Un mot est adjectif quand on peut y joindre *personne* ou *chose*, *objet* ou *homme*. Ainsi, *agréable*, *ces*, sont des adjectifs, car il est possible de dire : *personne* agréable, *chose* agréable ; ces *objets*, ces *choses*, ces *personnes*, etc.

4°. Un Pronom. — C'est de voir s'il tient ou est censé tenir la place d'un nom. Ex. : Dieu est juste ; *il* est éternel ; c.-à-d. *Dieu* est éternel. — Ces livres sont beaux, *ceux-ci* le sont également ; c.-à-d. ces *livres* le sont également. — Votre confiance mérite *la nôtre ;* c.-à-d. mérite notre *confiance*. — Voici la lettre *que* j'ai reçue ; c.-à-d. laquelle *lettre* j'ai reçue. — *On* frappe à la porte, c.-à-d. une *personne* frappe, etc.

5°. Un Verbe. — On le reconnaît en ce qu'on peut, 1°. le faire précéder des pronoms *je*, *tu*, *il*, *elle*, *nous*, *vous*, *ils*, *elles ;* 2°. le placer après *ne pas*, ou entre *ne* et *pas*. Ex. : *lire* est un verbe, parce qu'on peut dire : Je *lis*, tu *lis..*, il *lira*, nous *lirons..*, ne pas *lire*, je n'ai pas *lu*, etc.

6°. Un Participe. — Il faut voir s'il tient de l'adjectif et du verbe. Ainsi, *reçu* est un participe, 1° parce qu'on peut dire : objet ou chose *reçue* ; 2°. parce qu'il vient du verbe re-

cevoir, et qu'il est possible de dire : J'ai *reçu*... une lettre, etc.
— *Nous avions* compris *leur dessein.* On dit très-bien chose *comprise*, personne *comprise ;* de plus, *compris* est un temps composé du verbe comprendre, puisqu'on pourrait dire : *J'ai compris...;* donc *compris* est un participe.

7°. Une Préposition. — Tout mot *qui n'est pas verbe,* et après lequel on peut mettre *qui ?* ou *quoi ?* ou *quelqu'un, quelque chose,* est une préposition. Ex. : Tout change *avec* le temps. — *Avec* qui ? *avec* quoi ? *avec* quelqu'un, *avec* quelque chose.

8°. Un Adverbe.

9°. Une Conjonction.

10°. Une Interjection.

Si l'on en excepte les mots en *ment*, comme *lentement, vivement*, etc., adverbes, qui viennent des adjectifs *lent, vif*, etc., les listes des adverbes, des conjonctions et des interjections, sont assez courtes et faciles à retenir.

Les élèves devront donc les lire ou les étudier souvent ; car nous ne connaissons guère de moyen mécanique facile, pour reconnaître ces trois dernières sortes de mots.

DE QUELQUES HOMONYMES TRÈS-USITÉS.

a, *verbe*, ne prend pas d'accent, il a pour pluriel *ont*, ou peut se tourner par *a-t-il ? a-t-elle ? a-t-on ?* Ex. : Cet homme *a* de l'esprit. On peut dire : Ces hommes *ont* de l'esprit ; ou : Cet homme *a-t-il* de l'esprit ?

à, *préposition*, prend l'accent grave, et ne peut pas se tourner par le pluriel *ont*, ni par *a-t-il ? a-t-elle ? a-t-on ?* Ex. : Je vais *à* Paris. On ne peut pas dire : Nous allons *ont* Paris ; ni : Je vais *a-t-il* Paris ?

on, *pronom indéfini*, signifie *quelqu'un* ou *tout le monde.* Ex. : *On* vous répondra bientôt, c.-à-d. *quelqu'un* (qu'on ne nomme pas) vous répondra. *On* ne fait pas toujours ce qu'il faut, c.-à-d. *tout le monde* ne fait pas toujours...

ont, *verbe*, a pour singulier *a*, et peut se tourner par *ont-ils ? ont-elles ?* Ex. : Elles *ont* parcouru la ville. On peut dire : Elle *a* parcouru la ville ; ou : *Ont-elles* parcouru la ville ?

et, *conjonction*, signifie *et puis.* Ex. : Vous êtes savant *et* modeste, c.-à-d. savant *et puis* modeste.

est, *verbe*, se rend par le pluriel *sont*, ou par *est-il? est-elle? est-on?* Ex. : Cette petite *est* aimable. On peut dire : Ces petites *sont* aimables ; ou : Cette petite *est-elle* aimable ?

son, *adjectif possessif*, a pour pluriel *ses*. Ex. : Voici *son* chapeau. Pluriel : Voici *ses* chapeaux.

sont, *verbe*, a pour singulier *est*, et peut se remplacer par *sont-ils? sont-elles?* Ex.: Vos arbres *sont* vendus. On pourrait dire : Votre arbre *est* vendu ; ou : Vos arbres *sont-ils* vendus?

ce, *adj. démonst.*, a pour pluriel *ces ; pron. démonst.*, il signifie *ceci, cela*, ou *ceux-ci, ceux-là*, etc., et est toujours placé avant un pronom ou joint au verbe être. Ex. : Dieu sait bien *ce* qu'il fait, c.-à-d. *cela* qu'il fait. *Ce* sont vos amis, c.-à-d. *ceux-là* sont vos amis.

se, *pron. pers.*, signifie *soi, lui, elle, eux...*, ou *à soi*, etc. Ex. : Le sage *se* contente de peu, c.-à-d. contente *soi, lui*. Il a toujours cette orthographe et cette signification devant tout verbe autre que le verbe ÊTRE *simple :* Ils *se* promènent ; elles *se* sont fâchées.

ces, *adj. démonst.*, est le pluriel de *ce, cet, cette*. Ex.: Avez-vous lu *ces* lettres ? On peut dire : Avez-vous lu *cette* lettre ?

ses, *adj. poss.*, a pour singulier *son* ou *sa*. Ex.: Elle aime *ses* enfants. Sing.: Elle aime *son* enfant.

c'est. On écrit *c'est* avec un *c*, quand ces mots ne sont pas suivis immédiatement d'un verbe. Ex.: *C'est* elle, *c'est* nous qui sommes venus ; ou quand ils précèdent un verbe à l'infinitif, comme dans: *C'est* être bien ingrat ; *c'est* se tromper grossièrement. On peut tourner *c'est* par *ce n'est pas*.

s'est. On écrit *s'est* avec une *s*, quand ces mots entrent dans la formation d'un temps composé ; ou, en d'autres termes, quand ils sont suivis d'un participe. Ex. : Cette femme *s'est* vu voler. Il *s'est* trompé. Elle *s'est* rendue à son poste. On peut tourner *s'est* par *ne s'est pas*. (Même observation pour CE SONT, SE SONT ; C'ÉTAIT, S'ÉTAIT, etc.)

peu, *adverbe*, signifie *pas beaucoup :* Il a *peu* de *talents*, c.-à-d. il n'a *pas beaucoup* de talents.

peut (peut-être), *adv.*, signifie *sans doute, probablement*. Ex.: Il viendra *peut-être*. — Le même mot s'écrit encore avec un *t* dans le verbe pouvoir ; alors il fait *peuvent* au pluriel. Ex. : Mon fils *peut* vous répondre. Pluriel : mes fils *peuvent* vous répondre.

peux, est le même verbe au prés. indic., 1re et 2e personne du singulier.

mes, *adj. possess.*, a pour sing. *mon* ou *ma*. Ex.: Voici *mes* livres, *mes* plumes. Sing. : Voici *mon* livre, *ma* plume.

mais, *conjonct.*, signifie *cependant :* Il est sévère, *mais* juste, c.-à-d. *cependant* il est juste.

n'y, s'y, sont ou peuvent toujours être précédés de *il, ils.*

ni, si, *conjonct.*, ne peuvent jamais suivre ces pronoms.

...... er, { Tout mot terminé par le son *é* (er) est VERBE au prés. infinitif, lorsqu'il marque l'action, et qu'il est placé

.... é, { après les prépositions *à, de, par, pour, sans,* ou après les verbes *pouvoir, vouloir, savoir, faire, voir, entendre, oser, aimer mieux, on a beau, laisser, ouïr,*

admirer, sentir, aller, venir, devoir, écouter, etc. Ex. : Je l'engage à ÉTUDIER. L'homme est né *pour* TRAVAILLER. — Je *puis* MARCHER. Elles *savent* CHANTER. Nous le *vîmes* bientôt ARRIVER.

Au contraire, un mot ayant le son *é* final, est PARTICIPE : 1°. lorsqu'étant joint à un *nom*, il marque l'état. Ex.: Des hommes CONSIDÉRÉS. Une rivière GELÉE. Les fleurs FOULÉES aux pieds ; 2°. Lorsqu'il est accompagné de l'auxiliaire *être* ou de l'auxiliaire *avoir.* Ex.: J'étais bien SOIGNÉ. Ils ont VOYAGÉ. Elle est *arrivée* avant vous.

CORRIGÉ

EXERCICES ORTHOGRAPHIQUES.

NOTIONS PRÉLIMINAIRES.

PROCÉDÉ A SUIVRE.

Après la correction de chaque exercice, les Maîtres et les Maîtresses feraient bien de redemander, de mémoire, l'orthographe de quelques mots déjà épelés, pour s'assurer si les devoirs sont compris. Ils donneront toujours les explications qui seraient nécessaires ou utiles.

DES SYLLABES.
(Grammaire N°. 3.)

1er. EXERCICE. — Pour, 1 syllabe; vertu, 2 syllabes; travail, 2; vin, 1; creature, 4; histoire, 3; récit, 2; événements, 4; passés, 2; l'église, 3; maison, 2; Eternel, 3; cœur, 1; majestueux, 4; Amérique, 4; féminin, 3; eucharistie, 4; France, 2; pommes, 2; Picardie, 3; singulier, 3; champêtre, 3; Abbeville, 4; couteaux, 2; préservatif, 4; représenter, 4; Artois, 2; Europe, 3; Madrid, 2; mangeons, 2; firmament, 3; aïeul, 2; Angleterre, 4; Marie, 2; Pyrénées, 3; Charlemagne, 4; Seine, 2; Bordeaux, 2; perpendiculaire, 6; lumineux, 3.

DES VOYELLES LONGUES.
(Gramm. Nos. 8 et 13, 3°.)

2e. — â dans tâche; î dans épître; û dans mûr; ê d. honnête; în d. convîntes; eû d. jeûne; â d. gâteau; ê d. archevêque; â d. pâtisserie; ô d. impôts; û d. bûcheron; â d. grâce; û d. flûte; û d. aperçûmes; ô d. rôle; ê d. tempête; â d. château; ê d. être; â d. âge; oû d. joûte; â d. mangeâtes; â d. gâté; oî d. accroîtront; aî d. naître; â d. pâques; û d. sûr; ê d. arrêter; â d. lâcheté; ê d. emblême; â d. bâtir; î d. gîte; ô d. côté; ô d. côtoyer; û d. nous eûmes; ô d. aussitôt; oî d. surcroît; aî d. le maître; ô d. apôtres; oû d. goût; aî d. chaîne; eû d. meûnier; i d. scie; a d. bas; u d. rue.

DES DIFFÉRENTES SORTES D'E.

(Gramm. Nᵒˢ. 10, 11, 12, 13.)

3ᶜ — Sévère, 1ᵉʳ é *fermé*, 2ᵉ è *ouvert*, 3ᵉ e *muet*; bonté, é *fermé*; procès, è *ouvert*; monde, e *muet*; fêtes, 1ᵉʳ ê *ouvert*, 2ᵉ e *muet*; charité, é *fermé*; modèle, 1ᵉʳ è *ouvert*, 2ᵉ e *muet*; que, e *muet*; rue, e *muet*; excès, 2 e *ouverts*; paie-moi, e *muet*; aimer, e *fermé*; respect, 2 e *ouverts*; avec, e *ouvert*; versement, 1ᵉʳ e *ouvert*, 2ᵉ e *muet*; 3ᵉ = *a*; ouvert, e *ouvert*; nez, e *fermé*; les, e *ouvert*; incendies, 1ᵉʳ e = *a*, 2ᵉ e *muet*; femme, 1ᵉʳ e = *a*, 2ᵉ e *muet*; épître, 1ᵉʳ é *fermé*, 2ᵉ e *muet*; gaîté, é *fermé*; intelligence, 1ᵉʳ e *ouvert*, 2ᵉ e = *a*, 3ᵉ e *muet*; destinées, 1ᵉʳ e *ouvert*, 2ᵉ é *fermé*, 3ᵉ e *muet*; coutume, e *muet*; proverbe, 1ᵉʳ e *ouvert*, 2ᵉ e *muet*; sobriété, 2 é *fermés*; assez, e *fermé*; éclaircissement, 1ᵉʳ é *fermé*, 2 e *muet*, 3ᵉ e = *a*; avantageux, e *muet*; bénéfice, 1ᵉʳ é *fermé*, 2ᵉ *id.*, 3ᵉ *muet*; réprimande, 1ᵉʳ é *fermé*, 2ᵉ e *muet*; désordre, 1ᵉʳ é *fermé*, 2ᵉ e *muet*; poliment, e = *a*; mes, e *ouvert*; ils rendent, 1ᵉʳ e = *a*; 2ᵉ e *muet*. Adore l'Éternel, 1ᵉʳ e *muet*, 2ᵉ é *fermé*, 3ᵉ et 4ᵉ e *ouverts*; ton Dieu, e *muet*; ton Créateur, 1ᵉʳ é *fermé*, 2ᵉ e *muet*.

DES ACCENTS.

Accent aigu.

(Gramm. Nᵒ. 13, 1ᵒ.)

4ᵉ. — Abbé, vérité, récitez, bonté, dignité, bénissons, répandre, café, étoiles, liberté, été, épi, fecondez, élevons, amitié, majesté, éteinte, défaut, clarté, trépied, préférer, charité, réfléchir, delicate, général, épine, résolution, echauffant, empressée, délit, indéfini, j'ai mangé, tu as écrit, il a creusé, nous avons fléchi, vous avez admiré, ils ont résolu, les prés emaillés.

Accent grave.

(Gramm. Nᵒ. 13, 2ᵒ.)

5ᵉ. — Père, mère, chère, accès, cessez, modèle, querelle, troisième, tristesse, des élèves, une lettre, rivière, exemple, les problèmes, il est bref, elle est couverte, première, colère, ses procès, remède, mes succès, tu es fidele, frères, pierres, j'espère, impression, germe, terre, ténèbres, autel, il sème, les prières, guerre, un règne, vous effacez, tu préfères, nous chercherons, exercice, excepté.

Accent circonflexe.

(Gramm. Nᵒ. 13, 3ᵒ.)

6ᵉ. — Bâtir, tempêtes, épître, impôt, flûte, maître, arrêtez, nous bûmes, les pôles, des mûriers, grâce, abîmes, bûcheron, île, côtoyer, il coûte, château, vous brûlez, nous convînmes, qu'il aimât, champêtre, le nôtre, la voûte, fâcheux, boîte, les vôtres, vêtements, arrêt, chêne, même, mûrir, un bâton, vous courûtes, le jeûne, âge, trône, crême, gîte, pêche, nous eûmes, qu'il sortît.

Emploi de l'y (grec).

(Gramm. Nos. 14, 15.)

(Dans les mots en italique l'Y est employé pour un I *simple; dans les autres, il a la valeur de deux* I).

7e. — Ayant, pays, *style, yeux,* moyen, appuyer, rayon, *tyran, bey de Tunis,* soyons, frayeur, *martyrs,* voyage, *hymen, dey d'Alger,* joyeux, paysage, *symétrie, Hippolyte, cylindre,* déployer, *pyramide, système,* boyaux, foyer, *sympathie, il y a,* essayé, voyageur, nous croyons, paysan, abbaye, *presbytère, allez-y, Ulysse,* loyal, *Elysée, hypocrisie,* appuyer.

H muette et h aspirée.

(Gramm Nos. 16, 17.)

(L'H est aspirée dans les mots en italique; elle est muette ailleurs).

8e. — L'homme, *le héros, la haine,* les histoires, *la houlette,* des hospices, *le hibou,* l'humanité, *ces hameaux,* trois horloges, *des haillons,* l'hôpital, son habileté, *des halles,* cent habitants, une mauvaise haleine, *un hurlement, de bons haricots,* l'harmonie, *le harnais, des harengs, les hérissons, la Hollande,* sept heures, l'heureux *hasard, du houblon,* l'humble huissier.

DU NOM OU SUBSTANTIF.

(Gramm. N°. 19.)

Les noms sont ici imprimés en italique).

9e. — Le *chien* et le *cheval* sont des *animaux* utiles.

Adore l'*Eternel,* ton *Dieu,* ton *Créateur;*
Bénis son divin *nom,* consacre-lui ton *cœur;*
Célèbre, *nuit* et *jour,* sa *gloire* et sa *puissance;*
Des *mortels* malheureux, soulage l'*indigence;*
Ecarte loin de toi la molle *oisiveté;*
Fonde tous tes *devoirs* sur la simple *équité;*
Gouverne tes *enfants* en *père* plus qu'en *maître;*
Honore, aime et soutiens les *auteurs* de ton *être.*

10e. — Invoque le *Très-Haut* pour tous tes *ennemis;*
Joins à la *probité* l'amour de ton *pays;*
Livre à ton vain *orgueil* une *guerre* éternelle;
Médite les *tourments* du *Sauveur* sur la *croix;*
N'espère de *salut* qu'en observant ses *lois;*

Pardonne sans *délai*, quelle que soit l'*injure ;*
Quand la *douleur* t'accable, offre à *Dieu* tes *tourments ;*
Reçois tous les *fléaux* comme des *châtiments ;*
Songe qu'au *jour* terrible tout *mortel* tremblera.

DES NOMS COMMUNS
ET DES NOMS PROPRES.
(Gramm. Nos. 21 et 22.)

11e. — Père *c*, France *p*, sœur *c*, Angleterre *p*, livre *c*, Portugal *p*, plume *c*, Italie *p*, jardin *c*, Berlin *p*, Napoléon *p*, cour *c*, Joséphine *p*, cousin *c*, cheval *c*, Amiens *p*, Abbeville *p*, chien *c*, prairie *c*, Normandie *p*, Alsace *p*, table *c*, Amérique *p*, couteau *c*, Etienne *p*, loup *c*, souris *c*, Bourgogne *p*, Flandre *p*, pain *c*, chasse *c*, homme *c*, Lisbonne *p*, porte *c*, Madrid *p*, Laurette *p*, Rouen *p*, Lucien *p*, Alger *p*. Norwège *p*, sucre *c*, ardoises *c*, manteaux *c*, Hortense *p*.

12e. — Poirier *c*, pomme *c*, Bordeaux *p*, Oise *p*, grenouille *c*, jugement *c*, Afrique *p*, Marie *p*, Bruxelles *p*, bœuf *c*, vache *c*, Paris *p*, Londres *p*, viande *c*, chose *c*, Espagne *p*, Catherine *p*, Léon *p*, arbre *c*, ciel *c*, Autriche *p*, Vienne *p*, vin *c*, Auguste *p*, ville *c*, beauté *c*, Hollande *p*, peuple *c*, Prusse *p*, douceur *c*, amitié *c*, canif *c*, Léontine *p*, porte *c*, élèves *c*, parents *c*, Péronne *p*, Doullens *p*, crayons *c*, Montdidier *p*, cailloux *c*, casquette *c*, tourbe *c*, grès *c*.

DU GENRE DES NOMS.
(Gramm. N° 25.)

13e. — Un homme, la femme, un oncle, la tante, le neveu, la nièce, le frère, la sœur, le chien, une alouette, le cerf, la biche, un âne, la jument, un oiseau, une hirondelle, le lion, la lionne, le loup, la louve, le singe, la brebis, le mouton, la guenon, le rosier, la tulipe, le hibou, la chouette, le chien, un ortolan, la porte, une échelle, le lièvre, le perdreau.

14e. — Le café, la table, le thé, la cerise, le pain, la lampe, le vin, la bière, le cheveu, une oreille, le blé, une orange, la terre, un orage, une union, un usage, un autel, la vigne, le soleil, la lune, un aveu, la ronce, un arbre, la serpette, la beauté, le crayon, un astre, la maison, le cahier, la lecture, la grammaire, un habit, une arithmétique, le tableau, la géographie, une enfance, le hanneton.

DU NOMBRE DES NOMS.
(Gramm. Nos. 26, 27 et 28.)

15e. — La table, *s* ; les tables, *p* ; une noix, *s* ; des noix, *p* ; un château, *s* ; deux châteaux, *p* ; six neveux, *p* ; mon neveu, s ; le caillou, s ; plusieurs cailloux, p ; un clou, s ; quelques clous, p ; les chevaux, p ; le cheval, s ; un régal, s ; des régals, p ; un soupirail, s ; dix soupiraux, p ; les détails, p ; le détail, s ; deux bras, p ; une plume, s ; quelques parents, p ; la mortalité, s ; treize moutons, p ; plusieurs amis, p ; la pluie, s, et le vent, s ; des tuyaux, p ; le fils, s ; les compositions, p.

FORMATION DU PLURIEL DANS LES NOMS.

(Gramm. N°. 29.)

16e. — Les hommes, les femmes, des pères, des mères, les frères, des sœurs, des oncles, des tantes, les cousins, les cousines, les garçons, les filles, des rois, les reines, des bergers, des bergères, les maîtres, les maîtresses, des enfants, les parentes, les mains, les adjoints, des marchandes, des cheminées, les arbres.

17e. — Des bœufs, des vaches, des cerfs, des biches, les coqs, les poules, des lions, des lionnes, les loups, les louves, les papillons, des alouettes, les rats, les poissons, des chiens, des chats, les singes, les ânes, des pies, les hirondelles, des hannetons, les pigeons, des fauvettes, les renards, les linottes, des bouchons, des boissons.

18e. — Les tables, les lapins, des champs, les *crimes*, les folies, des *prairies*, des roses, les ronces, des *livres*, des *plumes*, les *bâtons*, les chemins, des pommiers, les *chênes*, des vignes, des cerises, des *charrues*, des vallées, les *horloges*, les hommages, les harengs, les *haricots*, des haies.

19e. — Les Picards, les Espagnols, les Autrichiens, les *Belges*, des Normands, des Turcs, des *Grecs*, des Auvergnats, les *Flamands*, les *Italiens*, les Arabes, des *Gascons*, des Européens, des *Américains*, des *Africains*, les *Bretons*, des *Parisiens*, des Alsaciens, les *Savoyards*, des *Suisses*.

Noms terminés par s, x, z.

(Gramm N°. 30.)

20e. — Les brebis, les gaz, des fils, les bois, des tapis, des voix, les croix, des puits, les vernis, des noix, des pois, les prix, des salsifis, des pays, des crucifix, les vis, les Français, des bras, les villageois, des radis, des secours, les faux, les paradis, des abus, les nez, les remords, des courroux, les cliquetis.

21e. — Des mois, des nez, les avis, des bas, les commis, des os, des as, les perdrix, des propos, les souris, des rubis, les riz, des choix, les repas, les repos, des Anglais, les temps, des paresseux, des héros, les succès, les procès, des cours d'histoire, les lis des jardins, des mépris, les voix et les croix, des congrès et des accès.

Noms terminés en eau, au, eu.
(Gramm. N° 31.)

22°. — Des agneaux, des arbrisseaux, des gâteaux, des hameaux, des marteaux, les troupeaux, les chameaux, des couteaux, les roseaux, les eaux, des gluaux, les tuyaux, les sarraux, des noyaux, les neveux, les manteaux, les cheveux, des adieux, les vœux, des chapeaux, les cerceaux, les caveaux, des troupeaux, les ruisseaux, des jeux, des dieux, les sureaux.

23°. — Les étaux, les *poireaux*, des drapeaux, les *tableaux*, les *corbeaux*, les moyeux, des moineaux, les *feux*, les oiseaux, les milieux, des *chalumeaux*, les *pieux*, les rameaux, les côteaux, les *boyaux*, les vaisseaux, des *lambeaux*, les chapiteaux, les etourneaux, des pruneaux, les *manteaux*, ces chameaux, mes *neveux*, certains *oiseaux*.

Noms terminés en ou.
(Gramm. N°. 32.)

24°. — 2 coucous, 3 choux, 4 hiboux, 5 joujoux, 6 poux, 7 cailloux, 8 sous, 9 bijoux, 10 fous, 11 genoux, 12 écrous, 13 filous, 14 amadous, 15 licous, 16 sapajous, 17 verrous, 18 trous, 19 cous, 20 acajous. — Ce ne sont plus les *joujoux* qui m'amusent. Il ne faut pas jeter de *cailloux* dans la rue. Le méchant croit toujours entendre le bruit des *verrous*. Les *chameaux* plient les *genoux* quand on doit les charger.

Noms terminés en al.
(Gramm. N°. 33.)

25°. — 2 amiraux, 3 arsenaux, 4 bals, 5 vassaux, 6 canaux, 7 caporaux, 8 cardinaux, 9 chevaux, 10 carnavals, 11 confessionnaux, 12 locaux, 13 cristaux, 14 fanaux, 15 généraux, 16 hôpitaux, 17 journaux, 18 madrigaux, 19 principaux, 20 rivaux, 21 totaux, 22 capitaux, 23 végétaux, 24 bocaux, 25 maux, 26 maréchaux, 27 minéraux, 28 métaux, 29 piédestaux, 30 chacals, 31 regals, 32 signaux, 33 tribunaux, 34 provinciaux, 35 chenaux, 36 originaux, 37 fanaux, 38 nopals.

Noms en ail, et aïeul, ciel, œil.
(Gramm. Nos. 34 a 88)

26°. — *Mes* AILS ou AULX; *tes* rails, *ses* baux, *nos* bestiaux, *vos* attirails, *leurs* camails, *les* cieux, (*) *les* coraux, *ses* émaux, *nos* épouvantails, *vos* éventails, *leurs* yeux, *mes* gouvernails, *tes* mails, *ses* poitrails, *nos* portails, *vos* soupiraux, *leurs* tra-

(*) Il ne serait guère bien de dire : *mes cieux*; d'ailleurs ces mots forment équivoque avec *Messieurs*.

vaux, *mes* aïeux, *les* vantaux, *ses* détails, *nos* plumails, *vos* sous-baux, *leurs* ciels de lit, *mes* œils-de-bœuf, *tes* aieuls (*les* 2 *grands-pères*), *ses* ciels (*de tableaux, de carrière*), *nos* travails (machines), *vos* bisaieuls, *leurs* trisaieuls, *leurs* vitraux.

RÉCAPITULATION.
Pluriel des Noms.
(Gramm. N.ᵉˢ. 29 a 38.)

27°. — Les lectures, les cheveux, des ânes, les mulets, des tables, les viandes, les cieux, des souris, des côteaux, des livres, les levrauts, les poiriers, des arbres, des chevaux, des fauteuils, les hameaux, des tuyaux, les choux, les blés, des vignes, des violettes, les lieux, les poux, les enfants, les prix, des palais.

28ᵉ. — 2 poules, 3 châteaux, 4 ormeaux, 5 joujoux, 6 mouchoirs, 7 lits, 8 chambres, 9 canaux, 10 vallons, 11 redingotes, 12 vestes, 13 maisons, 14 milans, 15 maréchaux, 16 genoux, 17 vantaux, 18 régals, 19 bisaieuls, 20 enfants, 21 orateurs, 22 rois, 23 feux, 24 milieux, 25 moyeux, 26 prêtres, 27 croix, 28 présidents, 29 soldats, 30 généraux, 31 yeux, 32 bras, 33 sous, 34 hiboux, 35 secours.

29ᵉ. — *Quelques* détails, *plusieurs* noix, *d'autres* pâtes, *certains* tamis, *q.q.* souris, *p.* fourmis, *d'.* globes, *c.* aieux, *q.q.* éventails, *p.* ails ou aulx, *d'.* cieux, *certaines* pelles, *q.q.* lampes, *p.* chapeaux, *d'.* neveux, *certaines* portes, *q.q.* hameaux, *p.* rivières, *d'.* ruisseaux, *c.* corbeaux, *q.q.* sous, *p.* fous, *d'.* travaux, *c.* princes, *q.q.* coraux, *p.* bals, *d'.* chapiteaux, *certaines* perdrix, *q.q.* paons, *p.* maçons, *d'.* écolières, *c.* baleines, *q.q.* herbes, *p.* églises, *d'.* grès.

30ᵉ. — Aux pères, aux jardins, des gaz, aux repas, des nuages, aux couteaux, des généraux, des mères, aux eglises, des raisins, aux ouvriers, aux perdrix, aux geais, des armées, aux carnavals, aux acajous, des orangers, des fours, aux verrous, des amis, des nez, aux trisaieuls, des choix, aux montagnes, des bestiaux, aux perdreaux, aux yeux.

31ᵉ. — Les lambeaux, les ouvriers, des *chapiteaux*, les *coucous*, les *métaux*, les bocaux, des *raisins*, vos cousines, ces géneraux, les propos, du riz, les tamis, mes *tantes*, ses oncles, quinze *sous*, des croix, les pois, des *hôpitaux*, les beautés, des *tableaux*, des couvents, les animaux, des étourneaux, les cheveux, des pêcheurs, les portails, des *baux*.

32ᵉ. — (*Dans cet exercice, il n'y a point de faute, au pluriel*).

Le jardin, une casquette, l'oiseau, le puits, un neveu, la voix, un genou, le nez, l'hôpital, un bal, l'émail, un clou, l'église, un crucifix, l'œil, un ciel, le marais, un discours, le gaz, un journal, le soupirail, un agneau, le religieux, l'hôtesse, un verrou.

DE L'ARTICLE.

(Gramm. Nos. 39 a 42.)

33ᵉ. — Le père, la mère, le frère, la sœur, les villages, la terre, le prince, les crayons, les fontaines, l'oiseau, l'hirondelle, les cheveux, les vaches, l'éléphant, le cheval, le maître, les femmes, le jardin, l'herbe, les livres, les cousins, la justice, les juges.

34ᵉ. — L'ongle, l'ode, les centimes, l'évangile, le hameau, l'idole, les statues, l'enclume, le cigarre, les encriers, les éventails, la poutre, la paroi, la docilité, les sciences, la vigne, les vertus, les embarras, la calomnie, le légume, les écoliers, le charron, l'armée.

35ᵉ. — *L'*homme est *le* roi de *la* nature. Toutes *les* vérités ne sont pas bonnes à dire. Laissez dire *les* sots, *le* savoir a son prix. *La* grandeur de Dieu est infinie. *L'*or est jaune et *l'*herbe est verte. *Les* bons conseils peuvent ramener à *la* vertu. *L'*espérance est trompeuse. A *l'* œuvre, on connaît *l'*ouvrier. Charlemagne a régné sur *la* France, *l'*Italie et *l'*Allemagne.

Articles simples et articles contractés.

(Gramm. Nos. 39 à 44.)

36ᵉ. — L'amitié des enfants. L'œil du maître. L'application aux devoirs. L'oisiveté des domestiques. L'imprudence de l'écolier. L'armée de l'ennemi. L'assiduité aux affaires. L'almanach menteur. L'œuf de l'enfant. L'armoire aux confitures. L'auberge au bout de la rue. L'affectation de l'hypocrite.

37ᵉ. — *L'*homme *du* monde. *Le* hameau *du* canton. *Le* hanneton *de* l'enfant. Je vais *aux* champs. Je reviens *de* l'école. *Les* haricots *de* Soissons. *L'*harmonie *du* chant. *Aux* marchandes *des* halles. A *l'*honneur *de l'* humanité. Eugène va *au* cours public. *Les* hangars *des* fermiers. A *la* hauteur de l'œil. *Des* histoires et *des* hymnes. *Aux* grands hommes, *la* patrie reconnaissante.

38ᵉ. — *L'*histoire (f. s.) *des* ROMAINS (m. p.) *Le* héron (m. s.) de *la* fable (f. s.). *Les* oncles (m. p.) *des* époux (m. p.). *Aux* rayons (m. p.) *du* soleil (m. s.). Parlez *des* fleuves (m. p.) de *l'*EUROPE (f. s.). A *l'*agneau (m. s.) *du* voisin (m. s.). *Les* sommets (m. p.) *des* ALPES (f. p.). Je suis sensible à *l'*honneur (m. s.). *L'*armée (f. s.) fera *la* guerre (f. s.) *aux* ARABES (m. p.). *La* honte (f. s.) suit souvent *l'*action (f. s.) mauvaise.

RÉCAPITULATION DES EXERCICES
SUR LE NOM ET L'ARTICLE.

39e. — Les casquettes (c. f. p.) des enfants (c. m. p.). Les chapeaux (c. m. p.) de *Silvain* (p. m. s.). Aux paroles (c. f. p.) des maîtres (c. m. p.). Les cheveux (c. m. p.) des femmes (c. f. p.). La *voix* (c. f. s.) des orateurs (c. m. p.). Les bras (c. m. p.) d'*Émilienne* (p. f. s.). Les cailloux (c. m. p.) des fossés (c. m. p.). Aux princes (c. m. p.) et aux princesses (c. f. p.). Les chevaux (c. m. p.) des propriétaires (c. m. p.). Les baux (c. m. p.) des instituteurs (c. m. p.). Aux régals (c. m. p.) des musiciens (c. m. p.). Les épées (c. f. p.) des aïeux (c. m. p.).

40e. — Les ciels (c. m. p.) des peintres (c. m. p.). Aux yeux (c. m. p.) des filles (c. f. p.). Aux nez (c. m. p.) et aux genoux (c. m. p.). Les contrées (c. f. p.) de l'*Europe* (p. f. s.). Les sommets (c. m. p.) des Pyrénées (p. f. p.). Les eaux (c. f. p.) des mers (c. f. p.). Les enfants (c. m. p.) d'*Anaïs* (p. f. s.). Les départements (c. m. p.) de la *France* (p. f. s.). Aux noms (c. m. p.) des auteurs (c. m. p.). Des bocaux (c. m. p.) et des maréchaux (c. m. p.). Des sous (c. m. p.) et des joujoux (c. m. p.). Les feux (c. m. p.) des maisons (c. f. p.). Aux œils-de-bœuf (c. m. p.) des fenêtres (c. f. p.).

41e. — La division du nombre. La leçon de l'enfant. Au canal et au château. Le travail du neveu. Le bras et le genou. Le clou au soupirail. L'œil et l'oreille. Le bétail au marais. Le ciel et l'enfer. Au cri du hibou. Le régal du maréchal. A l'homme et à la femme. Le bal de la société. L'époux à l'épouse.

DE L'ADJECTIF.
(Gramm. Nos. 45, 46, 47)

42e. — (*Ici les adjectifs sont en italique*).
Rien ne rafraîchit le sang comme une *bonne* action.
Une *belle* âme est plus *sensible* aux bienfaits qu'aux outrages.
Le *véritable* ami est le plus *grand* de *tous* les biens.
Mon fils, ne privez pas le pauvre de *son* aumône.
Vivre *content* de peu, c'est être vraiment *riche*.
Le chien est *fidèle, intelligent, docile, vigilant*.

Formation du féminin dans les Adjectifs qualificatifs.
(Gramm. Nos. 48, 49)

43e. — Un homme charmant; une personne *charmante*. Un livre attrayant; une lecture *attrayante*. Un père indulgent: une mère *indulgente*. Le grand lac; la *grande* place. Un canif noir; une plume *noire*. Le tapis rond; la table *ronde*. L'obscur sentier; *l'obscure* prison. L'endroit effrayant; l'obscurité *effrayante*. L'arbre vert; la feuille *verte*. L'écho retentissant; la trompette *retentissante*. Un lieu élevé: une estrade *élevée*.

44°. — Un poêle chaud; une chambre *chaude*. L'arbre haut; la *haute* montagne. Le pensum récité; la leçon *récitée*. Le récit certain; la nouvelle *certaine*. Un crucifix saint et sacré; une croix *sainte* et *sacrée*. Le méchant veau; la *méchante* vache. Le petit lieu; la *petite* maison. Un garçon joli; une figure *jolie*. Le palais habité; la chaumière *habitée*.

45°. — Un banc étroit; une cour *étroite*. Un conseil observé; une règle *observée*. Un jeu caché; une sortie *cachée*. Du vin clair; de l'eau *claire*. Le rhum fort; la liqueur *forte*. Un enfant réservé, soumis, noyé; une fille *réservée, soumise, noyée*. Le raisonnement hautain, désapprouvé; la conduite *hautaine, désapprouvée*. Un règlement précis et promulgé; une loi *précise et promulgée*.

46°. — Un cabinet peint, meublé, loué; une chambre *peinte, meublée, louée*. Un champ élevé et cultivé; une montagne *élevée et cultivée*. Un lis brillant; une fleur *brillante*. Le bouton épanoui, ouvert, fleuri; la rose *épanouie, ouverte, fleurie*. L'encrier bleu, rond; la boule *bleue, ronde*. Le président bienfaisant; la reine *bienfaisante*. Le pays éloigné, uni, fécond; la contrée *éloignée, unie, féconde*. Un lilas fané; une tulipe *fanée*.

Adjectifs qui doublent la dernière consonne avec un e.

(Gramm. N°s. 50 et 51.)

47°. — Le bon conseil; la *bonne* conduite. L'usage cruel; la coutume *cruelle*. Un procédé universel; une méthode *universelle*. Un pareil moyen; une *pareille* occasion. Le raisonnement fou; la tête *folle*. Le pâté mou; la pâte *molle*. Dieu éternel; la gloire *éternelle*. Un gros animal; une *grosse* jument. Le vieil ermite; la *vieille* Castille. L'ancien pays; l'*ancienne* Picardie. Un oncle niais; une tante *niaise*.

48°. — Un pays chrétien; une population *chrétienne*. Un conte bouffon; une plaisanterie *bouffonne*. Un fruit mou; une chair *molle*. Un enfant mignon; une taille *mignonne*. Un e muet; une voyelle *muette*. Le militaire gentil; la manière *gentille*. Le meuble net; une réponse *nette*. Un garçon discret, inquiet; une personne *discrète, inquiète*. Le nouveau comédien; la *nouvelle* comédie.

Adjectifs en c et en er.

Les adj. en er forment leur féminin comme dernier, qui fait dernièRE.   (Gramm. N°. 52.)

49°. — Blanche, franche, sèche, caduque, publique, grecque, turque, singulière, régulière, étrangère, première, dernière, fermière, entière, grossière, fière, blanche, particulière, fraîche, irrégulière, légère, sèche, turque, rancunière, mensongère, publique, journalière, amère, caduque, hospitalière, ouvrière, bouchère, franche, ménagère, passagère, grecque, meurtrière.

Adjectifs en f.

(Gramm. N°. 53.)

50°. — ACTIF : la personne *active*. VIF : une femme *vive*. BREF : la parole *brève*. NAÏF : une fille *naïve*. TARDIF : la plante *tardive*. VEUF : une femme *veuve*. NÉGATIF : une réponse *négative*. CONJONCTIF : la proposition *conjonctive*. GRIEF : la faute *grière*. SAUF : la vie *sauve*. CRAINTIF : une écolière *craintive*. NEUF : une cravate *neuve*. EXCLUSIF : la puissance *exclusive*.

Adjectifs en x.

(Gramm. N°. 54.)

51°. — Une épouse *vertueuse*. Une réponse *orgueilleuse*. La vertu *malheureuse*. Une commère *ennuyeuse*. La conduite *courageuse*. Une sévérité *odieuse*. Une courtisane *ambitieuse*. L'amie *généreuse*. La tigresse *furieuse*. Une âme *soupçonneuse*. Une opinion *fausse*. La petite fille *rousse*. Une pluie *douce*. Une femme *jalouse*. Un *vieil* oncle ; un *vieux* soldat ; une *vieille* fille.

Adjectifs en eur.

(Gramm. N°. 55.)

52°. — La parole trompeuse. Une fille flatteuse. Une âme pécheresse. Une pensée consolatrice. La preuve accusatrice. Une femme imitatrice. Une voix enchanteresse. L'imagination créatrice. Une loi protectrice. La femme adulatrice. La dame inspectrice. Une personne examinatrice, causeuse. La petite fille menteuse. Une action vengeresse. Augustine voudrait-elle être boudeuse ?

53°. — Une lettre postérieure ou antérieure. Une gamme majeure, mineure. Une femme défenderesse ou demanderesse. Une maîtresse grondeuse. Une portière parleuse. La flamme vengeresse. Une place inférieure. Une opinion approbatrice. Une femme devineresse, spéculatrice. Une fille actrice, compositeur, auteur. La servante moqueuse. Madame est sans doute la protectrice de mon frère ?

Adjectifs qui forment exception à part.

(Gramm. N°. 56.)

54°. — Malin : envie *maligne*. Long : voyelle *longue*. Bénin : fièvre *bénigne*. Oblong : feuille *oblongue*. Dissous : matière *dissoute*. Coi : personne *coite*. Tiers : *tierce* partie. Favori : récréation *favorite*. Absous : pénitente *absoute*. Long : cette méthode est *longue*. Malin : il a une intention *maligne*. Bénin : sa figure est *bénigne*. Dissous : l'assemblée sera *dissoute*. Oblong : une figure bien *oblongue*.

RÉCAPITULATION.

Exercice inverse sur la formation du féminin.

55°. — Sourd, fort, vrai, aimable, honnête, chrétien, gras, cruel, bon, inquiet, net, franc, blanc, meurtrier, sec, dernier, bleu, complet, pleureur, chanteur, acteur, protecteur, frais, meilleur, inférieur, craintif, premier, veuf, malin, pécheur, ingénieux, discret, bienfaiteur, faux, doux, docile, maladif, dissous, moyen, joyeux, gentil, caché, public.

FORMATION DU PLURIEL DANS LES ADJECTIFS.
(Gramm. Nos. 57 à 62.)

56e. — L'ami sûr : les amis *sûrs*. L'homme fidèle ; les hommes *fidèles*. L'enfant naïf ; les enfants *naïfs*. Une étoffe noire ; des etoffes *noires*. La couleur verte ; les couleurs *vertes*. Une fille dévouée ; des filles *dévouées*. Un poulet gras ; des poulets *gras*. Le chat gris ; les chats *gris*. Le doux rossignol ; les *doux* rossignols. Un joyeux garçon ; de *joyeux* garçons. Le beau livre ; les *beaux* livres. Cet enfant est fou ; ces enfants sont *fous*.

57e. — Bleu : des yeux *bleus*. Mou : des amis *mous*. Moral : les contes *moraux*. Fatal · des instants *fatals*. Théâtral : des débuts *théâtrals*. Loyal : mes *loyaux* parents. Glacial, austral : les vents *glacials, austraux*. Capital : des péchés *capitaux*. Verbal. les adjectifs *verbaux*. Pectoral : des remèdes *pectoraux*. Original : ses ouvrages *originaux*. Méridional : les peuples *méridionaux*. Rural ; des biens *ruraux*.

58e. — Les biens sociaux. Des conseils *amicals*. Des combats *navals*. Les ouvriers *matinals*. Mes *beaux* dictionnaires. Les comptes *égaux*. Les biens *nationaux*. Des personnes *heureuses*. Les juges *impartiaux*. Des exercices *grammaticaux*. Les quatre points *cardinaux*. Les propositions *principales*. Des sujets complexes. Des attributs *composés*. Les tons majeurs, *mineurs, finals*. Il a des cheveux gris.

RÉCAPITULATION.

Exercice inverse sur la formation du pluriel.

59e. — Bon, jaloux, gros, douce, nouveau, moral, noir, bleu, rouge, jumeau, glacial, principal, courageux, épais, vif, immorale, vieille, doux, mauvaise, gras, frugal, contente, composée, frais, franche, cher, gentil, brève, fatal, loyal, fou, impartial, gris, dangereux, haute, blanche, nouveau, brutal.

Exercices 43e à 56e mis au pluriel.

(43e.) Des hommes charmants; des personnes charmantes. Des livres attrayants, des lectures attrayantes. Des pères indulgents; des mères indulgentes. Les grands lacs; les grandes places. Des canifs noirs; des plumes noires. Les tapis ronds; les tables rondes. Les obscurs sentiers; les obscures prisons. Les endroits effrayants; les obscurités effrayantes. Les arbres verts; les feuilles vertes. Les échos retentissants; les trompettes retentissantes. Des lieux elevés; des estrades élevées.

(44e.) Des poêles chauds; des chambres chaudes. Les arbres hauts; les hautes montagnes. Les pensums récités; les leçons récitées. Les récits certains; les nouvelles certaines. Des crucifix saints et sacrés; des croix saintes et sacrées. Les méchants veaux; les méchantes vaches. Les petits lieux; les petites maisons. Des garçons jolis; des figures jolies. Les palais habités; les chaumières habitées.

(45e.) Des bancs étroits; des cours étroites. Des conseils observés; des règles observées. Des jeux cachés; des sorties cachées. Des vins clairs; des eaux claires. Les rhums forts; les liqueurs fortes. Des enfants réservés, soumis, noyés; des filles réservées, soumises, noyées. Les raisonnements hautains, désapprouvés; les conduites hautaines, désapprouvées. Des règlements précis et promulgés; les lois précises et promulgées.

(46e.) Des cabinets peints, meublés, loués; des chambres peintes, meublées, louées. Des champs élevés et cultivés; des montagnes élevées et cultivées. Des lis brillants; des fleurs brillantes. Les boutons épanouis, ouverts, fleuris; les roses épanouies, ouvertes, fleuries. Les encriers bleus, ronds; les boules bleues, rondes. Les présidents bienfaisants; les reines bienfaisantes. Les pays éloignés, unis, féconds; les contrées éloignées, unies, fécondes. Des lilas fanés; des tulipes fanées.

(47e.) Les bons conseils; les bonnes conduites. Les usages cruels; les coutumes cruelles. Des procédés universels; des méthodes universelles. *De* pareils moyens; *de* pareilles occasions. Les raisonnements fous; les têtes folles. Les pâtés mous; les pâtes molles. *Dieu éternel;* les gloires éternelles. *De* gros animaux; *de* grosses juments. Les vieux ermites; *la vieille Castille.* Les anciens pays; *l'ancienne Picardie.* Des oncles niais; des tantes niaises.

(48e.) Des pays chrétiens; des populations chrétiennes. Des contes bouffons; des plaisanteries bouffonnes. Des fruits mous; des chairs molles. Des enfants mignons; des tailles mignonnes. Des e muets; des voyelles muettes. Les militaires gentils; les manières gentilles. Les meubles nets; les réponses nettes. Des garçons discrets, inquiets; des personnes discrètes, inquiètes. Les nouveaux comédiens; les nouvelles comédies.

(49ᵉ.) *Ajouter simplement une* s *à la fin des adj., excepté à* FRAIS, *qui ne change pas.*

(50ᵉ.) Actifs: les personnes *actives*. Vifs: des femmes *vives*. Brefs: les paroles *brèves*. Naïfs: des filles *naïves*. Tardifs: les plantes *tardives*. Veufs: des femmes *veuves*. Négatifs: des réponses *négatives*. Conjonctifs: les propositions *conjonctives*. Griefs: les fautes *grièves*. Saufs: LA VIE SAUVE. Craintifs: des écolières *craintives*. Neufs: des cravates *neuves*. Exclusifs· les puissances *exclusives*.

(51ᵉ.) — Des épouses vertueuses. Des réponses orgueilleuses. *La vertu malheureuse*. Des commères ennuyeuses. Les conduites courageuses. Des sévérités odieuses. Des courtisanes ambitieuses. Les amies généreuses. Les tigresses furieuses. Des âmes soupçonneuses. Des opinions fausses. Les petites filles rousses. Des pluies douces. Des femmes jalouses. *De* vieux oncles; *de* vieux soldats; *de* vieilles filles.

(52ᵉ.) — Les paroles trompeuses. Des filles flatteuses. Des âmes pécheresses. Des pensées consolatrices. Les preuves accusatrices. Des femmes imitatrices. Des voix enchanteresses. Les imaginations créatrices. Des lois protectrices. Les femmes adulatrices. Les dames inspectrices. Des personnes examinatrices, causeuses. Les petites filles menteuses. Des actions vengeresses. Augustine *et X* voudraient-elles* être boudeuses?

(53ᵉ.) — Des lettres postérieures ou antérieures. Des gammes majeures ou mineures. Des femmes défenderesses ou demanderesses (1). Des maîtresses grondeuses. Des portières parleuses. Les flammes vengeresses. Des places inférieures. Des opinions approbatrices. Des femmes devineresses, spéculatrices. Des filles actrices, compositeurs, auteurs. Les servantes moqueuses. Ces dames *sont* sans doute les protectrices de mes frères?

(54ᵉ.) — Malins: envies *malignes*. Longs: voyelles *longues*. Bénins : fièvres *bénignes*. Oblongs: feuilles *oblongues*. Dissous: matières *dissoutes*. Cois: personnes *coites*. Tiers: *tierces* parties. Favoris: récréations *favorites*. Absous: pénitentes *absoutes*. Longs: ces méthodes sont *longues*. Malins: il a des intentions *malignes*. Bénins: ses figures sont *bénignes*. Dissous: les assemblées seront *dissoutes*. Oblongs: des figures bien *oblongues*.

(55ᵉ.) — *Il n'y a qu'à écrire une* s *à la fin de tous les adjectifs.*

(*) On pourrait dire aussi: *des femmes demandeuses*, dans le sens de: *qui demandent souvent.*

ACCORD DE L'ADJECTIF AVEC LE NOM.

(Gramm. Nos. 63, 64, 65.)

60e. — Grand : Une *grande* femme. Petit : Le *petit* jardin ; la *petite* cour. Gai : Le frère *gai*. Chéri : La sœur *chérie*. Froid : Un pays *froid* ; une contrée *froide*. Imprudent : Des amis *imprudents*. Poli : Les filles *polies*. Charmant : Des rêves *charmants*. Plaisant : Les *plaisantes* comédies. Obscur : Deux cachots *obscurs*. Noir : Trois chambres *noires*. Éclos, cueilli : La rose et la tulipe *écloses, cueillies*.

61e. — Un manteau et un habillement *nouveaux*. Le roi et le berger *égaux* devant Dieu. Une table et une armoire *neuves*. Un pantalon et un gilet *blancs*. Le frère et la sœur *vifs*. Le pain et la boisson *nécessaires*. La colline et la vallée *ombragées*. Le chameau et le dromadaire *bossus*. La pie et le perroquet *bavards*. Les bras et les jambes *engourdis*. La bouche et les yeux *ouverts*.

RÉCAPITULATION DES DIFFICULTÉS

SUR LE NOM, L'ARTICLE ET L'ADJECTIF.

62e. — Un homme friand, une femme *friande* ; des hommes *friands*, des femmes *friandes*. Le joli tableau, la *jolie* boule ; les *jolis* tableaux, les *jolies* boules. Un chien fidèle, une amie fidèle ; des chiens *fidèles*, des amies fidèles. Le cheval inquiet, la servante *inquiète* ; les chevaux *inquiets*, les servantes *inquiètes*. Son aïeul vif, sa réponse *vive* ; ses aïeuls *vifs*, ses réponses *vives*. Le général vertueux, l'épouse *vertueuse* ; les généraux vertueux, les épouses *vertueuses*. Mon ancien bail, mon *ancienne* place ; mes *anciens* baux, mes *anciennes* places.

63e. — Le pâté sec, la perdrix *sèche* ; les pâtés secs, les perdrix sèches. Un air malin, une physionomie maligne ; des airs malins, des physionomies malignes. Le nouveau bijou, la nouvelle affaire ; les nouveaux bijoux, les nouvelles affaires. Un événement miraculeux, une circonstance miraculeuse ; des événements miraculeux, des circonstances miraculeuses. Un beau garçon, un bel enfant, une belle carte ; de beaux garçons, de beaux enfants, de belles cartes. L'œil trompeur, la parole trompeuse ; les yeux trompeurs, les paroles trompeuses.

64e. — La nation belliqueuse. La savante découverte. Une femme charmante, gaie, *enjouée*, *joviale*. Une lèvre *vermeille*. Le mari soupçonneux, jaloux, brutal. La femme *soupçonneuse*, *jalouse*, *brutale*. La voix forte, *brève*, vibrante, *saccadée*, sonore. La plaisanterie *déplacée*, *grossière*, *niaise*. Un nerf nasal, un son nasal. La proposition incidente, *subordonnée*, *explicative*.

65ᵉ.—La belle prière récitée. Une fille menteuse, délatrice. Une justification *personnelle, importante*, soutenue et *diffuse*. Le point fondamental. Un bien donné en mariage. Le pays austral. Un cheval fougueux. L'analyse *grammaticale, raisonnée et minutieuse*. La leçon apprise, *oubliée, reconnue essentielle*. Une personne *grondeuse, supérieure, spoliatrice*.

66ᵉ. — La ponctuation *fausse, critiquée*. Le beau jonc. Un œil bleu. Le vieux maréchal. Le discours brutal. Le sirop tonique, miellé, pectoral. Le beau local. Une voisine flatteuse, *corruptrice, immorale*. La fille *douce, fausse, séditieuse, emportée*, aux paroles malignes. La tête *rase*, tondue. Une coutume picarde ou *bretonne*. Le chapeau gris. La paix et le traité *courts*.

67ᵉ. — Une parole bouffonne. Une femme *gasconne*. Un juge bourru, impartial, original. La maligne observation *dénigrée*. La fête patronale, *solennelle*. Un sentiment hardi, animé, vif, indépendant. Une salle basse, étroite, *carrée, vieille*, humide, malsaine. Un dîner frugal, copieux. Le général impartial. La vermine *dégoûtante*.

Exercices 64ᵉ. à 68ᵉ. mis au pluriel.

(64ᵉ.)—Les nations belliqueuses. Les savantes découvertes. Des femmes charmantes, gaies, enjouées, joviales. Des lèvres vermeilles. Les maris soupçonneux, jaloux, brutaux. Les femmes soupçonneuses, jalouses, brutales. Les voix fortes, brèves, vibrantes, saccadées, sonores. Les plaisanteries déplacées, grossières, niaises. Des nerfs nasals, des sons nasals. Les propositions incidentes, subordonnées, explicatives.

(65ᵉ.) — Les belles prières récitées. Des filles menteuses, délatrices. Des justifications personnelles, importantes, soutenues et diffuses. Les points fondamentaux. Des biens donnés en mariage. Les pays austraux. Des chevaux fougueux. Les analyses grammaticales, raisonnées et minutieuses. Les leçons apprises, oubliées, reconnues essentielles. Des personnes grondeuses, supérieures, spoliatrices.

(66ᵉ.) — Les ponctuations fausses, critiquées. Les beaux joncs. Des yeux bleus. Les vieux maréchaux. Les discours brutaux. Les sirops toniques, miellés, pectoraux. Les beaux locaux. Des voisines flatteuses, corruptrices, immorales. Les filles douces, fausses, séditieuses, emportées, aux paroles malignes. Les têtes rases, tondues. Des coutumes picardes ou bretonnes. Les chapeaux gris. La paix et les traités courts.

(67ᵉ.) — Des paroles bouffonnes. Des femmes gasconnes. Des juges bourrus, impartiaux, originaux. Les malignes observations dénigrées. Les fêtes patronales, solennelles. Des sentiments hardis, animés, vifs, indépendants. Des salles basses, étroites, carrées, vieilles, humides, malsaines. Des dîners frugals, copieux. Les généraux impartiaux. Les vermines dégoûtantes.

68°. — Un déjeûner gai, restaurant. Un four banal. La personne vile, molle, voluptueuse. Une lumière vive, rayonnante, azurée. Le principe libéral. Le devoir conjugal. Une flamme vengeresse. Un chant national. La robe longue, traînante, bleue. Une pénitente confessée, absoute. Le canal ouvert.

❚ 69°. — Le chant théâtral. Le cheveu noir. Un bijou brillant. Une discussion continuelle, animée, vive, protectrice. La pluie battante, épaisse, bienfaisante. Une femme grasse, grosse, vermeille. Une opinion erronée, subversive. La statue grecque, brûlée. La flotte turque, vaincue, prisonnière. Un métal dur. Le bétail nombreux.

❚ 70°. — La troupe victorieuse, martiale, aguerrie. Un conte moral, récréatif, amusant. Une femme débitrice, accusatrice. Une vieille demoiselle, débiteuse (de mauvaises nouvelles). La raison positive, certaine, rationnelle, approuvée. Un caporal brutal. La belle rose épanouie, effeuillée. La mélancolie noire, guérie. Une vie débauchée, luxurieuse, blâmée.

71°. — La sultane favorite, enjouée, toute-puissante. Une fille idiote, niaise, hébétée. L'homme matinal, ingénieux. Un combat naval, effrayant, meurtrier. Un verbe anomal, pronominal. L'école mutuelle. Une méthode universelle. La femme partisan, orateur, témoin. La nation européenne, guerrière. L'affaire franche, loyale.

Exercices 68°. à 72°. mis au pluriel.

❚ (68°.) — Des déjeûners gais, restaurants. Des fours banals. Les personnes viles, molles, voluptueuses. Des lumières vives, rayonnantes, azurées. Les principes libéraux. Les devoirs conjugaux. Des flammes vengeresses. Des chants nationaux. Les robes longues, traînantes, bleues. Des pénitentes confessées, absoutes. Les canaux ouverts.

❚ (69°.) — Les chants théâtrals. Les cheveux noirs. Des bijoux brillants. Des discussions continuelles, animées, vives, protectrices. Les pluies battantes, épaisses, bienfaisantes. Des femmes grasses, grosses, vermeilles. Des opinions erronées, subversives. Les statues grecques, brûlées. Les flottes turques, vaincues, prisonnières. Des métaux durs. Les bestiaux nombreux.

(70°.) — Les troupes victorieuses, martiales, aguerries. Des contes moraux, récréatifs, amusants. Des femmes débitrices, accusatrices. De vieilles demoiselles, débiteuses (de mauvaises nouvelles). Les raisons positives, certaines, rationnelles, approuvées. Des caporaux brutaux. Les belles roses épanouies, effeuillées. Les mélancolies noires, guéries. *Une vie débauchée, luxurieuse, blâmée.* (VIE ne s'emploie guère au pluriel).

(71e.) — Les sultanes favorites, enjouées, toutes-puissantes. Des filles idiotes, niaises, hébêtées. Les hommes matinals, ingénieux. Des combats navals, effrayants, meurtriers. Des verbes anomaux, pronominaux. Les écoles mutuelles. Des méthodes universelles. Les femmes partisans, orateurs, témoins. Les nations européennes, guerrières. Les affaires franches, loyales.

72e. — Des maisons neuves et blanchies; des cabinets neufs et blanchis; une maison neuve et blanchie; un cabinet neuf et blanchi. Les mauvaises conduites désapprouvées; les mauvais jeux désapprouvés; la mauvaise conduite désapprouvée; le mauvais jeu désapprouvé. Des fleurs artificielles, fanées, des lilas artificiels, fanés; une fleur artificielle, fanée; un lilas artificiel, fané. Tes vieilles routines abolies; tes vieux usages abolis; ta vieille routine abolie; ton vieil usage aboli. Les lois protectrices; le député protecteur. Les tulipes fraîches; le réséda frais. Des donations préfixes; un contrat préfix.

73e. — Des effets commerciaux; un effet commercial. Les rivages méridionaux; le rivage méridional. Les langues franches, défectueuses; les discours francs, défectueux; la langue franche, défectueuse; le discours franc, défectueux. Des grammaires grecques ou latines; des thèmes grecs ou latins; une grammaire grecque ou latine; un thème grec ou latin. Les régions boréales; les vents boréaux; la région boréale; le vent boréal. Des femmes rousses, fausses, radoteuses, vindicatives; un homme roux, faux, radoteur, vindicatif. Les beaux cierges pascals; le beau cierge pascal. Des affaires sérieuses, devenues publiques; un partage sérieux, devenu public.

74e. — Des lettres postérieures ou antérieures; des faits postérieurs ou antérieurs; une lettre postérieure ou antérieure; un fait postérieur ou antérieur. Des remèdes cordiaux, purgatifs; un remède cordial, purgatif. Des fievres bénignes; des maris bénins; une fièvre bénigne; un mari bénin. Les paroles douces, les enfants doux; la parole douce, l'enfant doux. Des femmes superstitieuses, des vieillards superstitieux; une femme superstitieuse; un vieillard superstitieux. Les feux vifs, incandescents; le feu vif, incandescent. Des dames inspectrices, bonnes et belles; des avocats inspecteurs, bons et beaux; une dame inspectrice, bonne et belle; un avocat inspecteur, bon et beau. Les charges onéreuses; les intérêts onéreux; la charge onéreuse; l'intérêt onéreux.

75e. — Des âmes pécheresses, purifiées. Les neveux loyaux. Les conseillers municipaux. Des femmes devineuses, maîtresses, traîtresses. Les ordonnances protectrices. Les feuilles

quotidiennes, publiques, commerciales. Des journaux hebdo-
madaires, instructifs. Les yeux bleus. Les colonies grecques,
industrielles. Des pluies douces, vivifiantes.

76e. — Les palais épiscopaux. Des fautes absoutes, rache-
tées. Des vents glacials. Des sons nasals. Les biens communaux. Les chambres et les cabinets obscurs. Les hyènes et
les tigres cruels. La colère et l'orgueil odieux. Des robes et
des habits nuptiaux, élégants. Les paysannes et les paysans
actifs. Les oreilles et les voix fausses, discordantes.

Exercices 75e. et 76e. traduits au singulier.

(75e.) — Une âme pécheresse, purifiée. Le neveu loyal .Le
conseiller municipal. Une femme devineuse, maîtresse, traî-
tresse. L'ordonnance protectrice. La feuille quotidienne,
publique, commerciale. Un journal hebdomadaire, instructif.
L'œil bleu. La colonie grecque, industrielle. Une pluie douce,
vivifiante.

(76e.) — Le palais épiscopal. Une faute absoute, rachetée.
Un vent glacial. Un son nasal. Le bien communal. La chambre
et le cabinet obscurs. L'hyène et le tigre cruels. La colère et
l'orgueil odieux. — Une robe et un habit nuptiaux, élégants.
La paysanne et le paysan actifs. L'oreille et la voix fausses,
discordantes.

77e. — *Ombragé, frais :* La colline et le vallon ombragés et
frais. *Moral :* Un conte et un récit moraux. *Formel :* La parole
et la promesse formelles. *Dissous :* La chambre et le conseil
dissous. *Nutritif :* Un aliment et un légume nutritifs. *Doux :*
La vache et le mouton doux. *Nécessaire :* La lecture et l'écriture nécessaires. *Malheureux :* Sa mère et sa veuve malheu-
reuses. *Mérité :* L'éloge et la récompense mérités.

78e. — *Sucré :* La poire et la nèfle sucrées. *Vif :* Un drame
et un roman vifs. *Exprès :* La loi et la coutume expresses.
Nul : La procédure et l'acte nuls. *Bon, gentil :* Le frère et la
sœur bons et gentils. *Excellent, rafraîchissant :* Une gelée et
une compote excellentes, rafraîchissantes. *Menteur :* Mes servantes et mes domestiques menteurs. *Convenable :* Des charrues et un rouleau convenables.

79e. — Une grammaire et une arithmétique *nouvelles.* L'histoire et la géographie *amusantes, instructives.* Une lettre et
un conseil *amicals.* Les canifs et le crayon *nouveaux.* La
grange et la maison *anciennes.* La poire et l'abricot *délicieux.*
Une action et une faute *secrètes.* La calomnie et le mensonge
odieux (1). Charles et Achille *égaux* en composition. La feuille
et la carte *blanches.*

(*) S'il s'agit de choses, il faut, autant que possible, mettre le nom
masc. le dernier, quand l'adjectif suit immédiatement, et a une prononciation différente pour chaque genre, comme *odieux, odieuse,* etc.

80°. — Le maître et l'institutrice *utiles*. Sa figure et ses paroles *bénignes*. Adèle et Virginie, grandes et affectueuses. Mon cousin et ma cousine sont *polis, prudents et instruits*. Elle a des robes, un châle et un voile *blancs*. Dieu et ses œuvres sont *éternels*. Des peines et un embarras *continuels*. L'exercice, la sobriété et le travail sont *salutaires*. Ce riche et ce pauvre seront *égaux* après la mort.

81°. — La Somme et le Pas-de-Calais sont *voisins*. Des mères et des filles *restées coites*. Mes bottes et mes souliers sont *usés*. La barbe, les cheveux et les sourcils *blonds et épais*. Votre goût et votre attention sont *supérieurs*. Des salades et d'autres plantes *tardives*. Les linottes et les fauvettes légères et *gentilles*. La lampe et la chandelle *lumineuses*. Paris et Marseille sont fort *éloignés*.

DÉTERMINATIFS.
Adjectifs possessifs.
(Gramm. Nos. 69 et 70.)

82°. — Mon père, ma mère, mon frère, ma sœur, mes mouchoirs, — tes papiers, ton habit, ton honneur, tes héritiers, ton habillement, — son amour, ses armoires, son acte, son agrafe, — notre enclume, notre chanvre, notre canton, nos éloges, notre intervalle, — votre onglée, votre stalle, votre paraphe (ou *parafe*), votre idole, votre écho, vos encriers, — leur équivoque, leur hameçon, leurs boutiques, leur soufflet.

83°. — Mon habitude, ma harpe, mes cousines, ma tante, — ton histoire, ta hache, ta haine, ta honte, ton fils, — ses houlettes, son hommage, ses tableaux, ses pantalons, son nez, — notre oiseau, notre vache, notre omelette, nos yeux, notre journal, — votre gloire, votre rave, votre ordre, votre orge, votre géométrie, votre poutre, — leur four, leur maison, leur charrette.

Adjectifs démonstratifs.
(Gramm. Nos. 71 et 72.)

84°. — Ce livre, ce papier, cette plume, cette encre, cet honneur, cet homme, ces parents, ces passions, cette voisine, cette statue, ces crayons, ces plumes, cet échaudé, cet épisode, cette fibre, cette amabilité, cette effigie, ces aqueducs, cet artifice, ces garçons, cet éclair, cet étage.

85°. — Ces épreuves, ces mœurs, ces caractères, cet émétique, cette stalle, cet épiderme, cet ongle, ces blés, cette source, cette hotte, ce haricot, cette qualité, ce héros, ce mur, cette huppe, cet hydromel, cette hypothèque, cette hydre, ces arrhes, cet ordre, cet orgueil, cette nacre.

Adjectifs numéraux et Adjectifs indéfinis.

(Gramm. Nos. 73 à 77.)

86ᵉ. — *Tout* (a. i.) homme est sujet à la mort. C'est mon *premier* (a. n. o.) élève. J'ai reçu *cinq* (a. n. c.) francs hier. *Aucun* (a. i.) de vos livres n'est mauvais. Ces demoiselles ont *quelques* (a. i.) connaissances. Il est mort à *soixante-deux* (a. n. c.) ans. J'ai fait *plusieurs* (a. i.) demandes pour vous. *Chaque* (a. i.) âge a ses plaisirs. L'Amérique fut découverte en *mil quatre cent quatre-vingt-douze* (a. n. c. pour a. n. o.). Je vous l'ai répété *maintes* (a. i.) fois. C'est toujours la *même* (a. i.) chose. Nous avons eu la *cinquième* (a. n. o.) partie de *trois cents* (a. n. c.) francs.

RÉCAPITULATION
DE TOUT CE QUI PRÉCÈDE.

87ᵉ. — *Tous* (a. i. m. p) les hommes sont *égaux* (a. q. m. p.) devant Dieu. *Notre* (a. p. f. s.) vie est *un* (a. n. c. m. s.) songe, et la mort, *un* (a. n. c. m. s.) réveil. On dit avec raison : *douze* (a. n. c. m. p.) métiers, *treize* (a. n. c. f. p.) misères. *Ces* (a. d. m. p.) juges condamnèrent Socrate à boire la ciguë. *Nul* (a. i. m. s.) homme n'est parfaitement *heureux* (a. q. m. s.). Si tu me trompes *une* (a. n. c. f. s.) *première* (a. n. o. f. s.) fois, tant pis pour toi; *une* (a. n. c. f. s.) *seconde* (a. n. o. f. s.) fois, tant pis pour moi. *Quel* (a. i. m. s.) bras vous suspendit, *innombrables* (a. q. f. p.) étoiles? Suivez *ses* (a. p. m. p.) *sages* (a. q. m. p.) avis, *mes* (a. p. m. p.) *bons* (a. q. m. p.) *petits* (a. q. m. p.) enfants.

88ᵉ. — Ces canifs et ces grammaires. Ma casquette sans mon chapeau. Les premiers jours et les premières nuits. La bouteille et l'encrier neufs. Notre enfant et votre parent. Cette table ou ce tableau. Tes problèmes et tes compositions. La dernière édition de mon arithmétique. Sa table et son armoire nouvelles. Ces planches et ces travers blanchis. Cet escalier ou cette échelle. Telles sommes ou tels capitaux fixes.

89ᵉ. — Le grand tonneau du marchand. Les arbres élevés des forêts. Ce journal ou cet écrit. Des choux et des cabus vendus. Un caillou et un grès travaillés. Mon image et mon prix. Les belles couleurs de ces étoffes. Les baux de ces bons fermiers. Tes beaux joujoux et tes gros marteaux. Des oreilles et des doigts coupés. Les juments et les chevaux vicieux. Les blouses jaunes et la cravate rouge.

90ᵉ. — L'aimable enfant de votre ami. Les hôpitaux et les collèges anciens. Les nez longs et difformes. L'ouvrage classique de notre bibliothèque. Les grands portails des églises. Mes filleuls et mes neveux très-instruits. Les heureuses épouses de ces hommes laborieux. Le gros lot gagné par son voisin. Ton horloge ou ta montre de haut prix. Quels beaux discours ont faits ces orateurs !

91e. — Mon affaire importante, et votre visite amicale. Les jolis boutons de mes nouveaux habits. Les eaux des lacs et les canaux des fleuves. Le bel article du livre. Les animaux domestiques nécessaires aux hommes. Les rossignols sont des oiseaux timides. Les choux sont des légumes bien sains. Le verrou nécessaire à la porte. Les yeux vifs et étincelants de ces petites. Le ciel parsemé d'étoiles. Les tapis écossais des marchands. Le velours, objet de commerce.

92e. — Des enfants *dociles* en classe. Une chose *secrète* n'est pas à révéler. Les bruits *publics* sont parfois *mensongers*. Mes récompenses *annuelles* m'ont toujours été cheres. Nos *bancs* inégaux en hauteur. Des écoliers *actifs*. Une réponse *affirmative*. Ce sont des occasions *dangereuses*. Je n'ai trouvé que *quelques* pommes *pourries*. Les perdrix et les lièvres *inquiets*. Une parole *trompeuse*, et une composition *supérieure*.

93e. — Cette marchande est une crieuse publique. Cette actrice est maligne, mais spirituelle. Ma servante est franche, douce et vertueuse. Notre institutrice est vieille et caduque. Une épouse jalouse, mauvaise et inquiète. C'est une juive vengeresse et vindicative. Voilà une menteuse effrontée, railleuse et friponne. Ton aïeule est devenue folle. La paysanne est méprisée par la bourgeoise.

(93e.) — Ces marchands sont des crieurs publics. Ces acteurs sont malins, mais spirituels. Mes serviteurs sont francs, doux et vertueux. Nos instituteurs sont vieux et caducs. Des époux jaloux, mauvais et inquiets. Ce sont des juifs vengeurs et vindicatifs. Voilà des menteurs effrontés, railleurs et fripons. Tes aïeux sont devenus fous. Les paysans sont méprisés par les bourgeois.

DU PRONOM.

(Gramm. Nos. 78 et suivants.)

94e. — Mon fils aime l'étude; *il* travaille fort bien. Anaïs est encore petite, mais *elle* grandira. Ces enfants sont dociles; *ils* seront récompensés. Vos pommes sont meilleures que *les miennes*. Emile est polisson; le maître *le* punira. La salle est trop petite; faites *la* donc agrandir. Aimez vos maîtres, respectez-*les*, et obéissez-*leur* Charles est studieux; sa mère est contente de *lui*. J'aime l'étude; je m'*y* applique. On a fini ce dessin; qu'*en* pensez-vous ?

Pronoms personnels.

(Gramm. N°°. 82 à 91.)

95e. — Il me dérange, c'est-à-dire Il dérange *moi*.
Elle me désobéit, c.-à-d. Elle désobéit *à moi*.
Ces enfants nous parlent, — Ces enfants parlent *à nous*.
Ils te regardent, pour ils regardent *toi*.
Ce marchand vous a nui, p. Ce m⁴ a nui *à vous*.
Je lui écrirai, p. J'écrirai *à elle* (la femme). Nous les flat-
tons, p. Nous flattons *eux* (les hommes). Vous leur direz
cela, p. Vous direz cela *à elles* (les petites filles).

96e. — Je le verrai, c'est-à dire Je verrai *lui*.
Je la verrai, c.-à-d. Je verrai *elle*.
Je l'ai grondée, — J'ai grondé *elle*.
Il se connaît, — Il connaît lui.
Elle s'est nui, — Elle a nui *à elle*.
Nos parents se sont parlé, — Nos parents ont parlé *à eux*.
Vous vous en repentirez, — Vous vous repentirez *de cela*.
Je m'y applique, pour Je m'applique *à cela*.
J'en disais du bien, p. Je disais du bien *de lui*.

Pronoms possessifs, démonstratifs, relatifs, etc.

(Gramm. N°°. 91 à 100.)

97e. — Tes cousines sont naïves, spirituelles; *les miennes*
(p. p.) sont vives, enjouées. Ces plumes blanches sont *les
tiennes* (p. p.); *celles-ci* (p. d.) sont *les siennes* (p. p.). Ces
jardins sont *les nôtres* (p. p.); *ceux-ci* (p. d.) sont *les vôtres*
(p. p.). Ses maisons sont plus belles que *les miennes* (p. p.).
Ces propriétés sont *les leurs* (p. p.); *celles-ci* (p. d.) sont *les
vôtres* (p. p.). Tes habits sont neufs; *les miens* (p. p.) sont
usés. Ses redingotes sont grandes; *les vôtres* (p. p.) sont petites. Les hommes *auxquels* (p. r.) je parle. Les femmes
auxquelles (p. r.) tu as nui. *Desquels* (p. interr.) voulez-vous?

98e. — Ces voitures sont *les nôtres* (p. p.); *celles-là* (p. d.)
sont *les vôtres* (p. p.). Nos cours sont moins étroites que *les
leurs* (p. p.). Ces plumes sont *les miennes* (p. p.) et non *les
tiennes* (p. p.). Voici les personnes aux soins *desquelles* (p. r.)
je suis confié. *Qui* (p. interr.) vous a dit *cela*? (p. d.). — *Que*
(p. interr.) pensez-vous? *On* (p. i.) m'a raconté une belle
chose. *Laquelle* (p. interr.) donc, s'il vous plaît? *Chacun* (p. i.)
se dit ami, mais fou *qui* (p. r.) s'y repose : *rien* (p. i.) n'est plus
commun que le nom, ni plus rare que la chose.

RECAPITULATION DES PRONOMS.

99e. — La vertu plaît ; *elle* fut et sera toujours belle (ELLE tient lieu de *vertu*). *Je* n'aime pas *ceci*; *je* préfère *cela* (JE est censé remplacer *ma personne*; CECI, CELA sont censés remplacer *cette chose*). Quand *on* cheiche la vérité, *on la* trouve (ON, *une personne*; LA, la *vérité*). *Que* pensez-*vous* de cet homme ? (QUE, *quelle chose*? VOUS, *votre personne*). Les productions de la nature sont variées; chaque pays a *les siennes* (LES SIENNES, ses *productions*). *Nous* respectons la justice et la bonne foi, en *tout* et partout (NOUS, *nos personnes*; TOUT, tous lieux). Voici les merveilles *que* Dieu a créées (QUE, lesquelles *merveilles*). *C'est* l'élève *dont je me* plains (C', cet *enfant*; DONT, duquel *élève*; JE, ME, ma *personne*). *Celui-ci* travaille mieux (CELUI-CI, cet *élève*).

DU VERBE.

(Gramm. N°s. 100 a 103.)

100e. — *Les verbes sont ici en italique.* — PARLER, CHANTER, SORTIR, etc., sont des verbes, parce qu'on peut dire : *Je parle, tu parles, il parle*, etc.;... *n. sortons, v. sortez, ils sortent*, etc. — *Parler, chanter, sortir, venir, pouvoir, mouvoir, être, rendu.* Je *parle* de vous. Vous *chanterez* demain. Cet élève *sortira* bientôt. Elles *viendraient* me *voir*, si vous le *permettiez*. Je *puis* vous *satisfaire*. Tu te *meus* en tous sens. Nous *sommes* désireux de vous *voir*. Vos parents me *rendront* cela. Je *partirai* ce soir. Tu *puniras* les paresseux. Ses parents *l'avaient dit*.

Du Nombre et de la Personne.

(Gramm. N°s. 103 a 106.)

101e. — Le rossignol *est* (3e. p. du s.) timide. Je *serai* (1re. p. du s.) obéissant. Tu *as eu* (2e. p. du s.) une récompense. Il *savait* (3e. p. du s.) mieux ses leçons. Nous vous *appellerons* (1re. p. du p.) ce soir. Vous *voudrez* (2e. p. du p.) bien les examiner. Ils *ont lu* (3e. p. du p.) de bons livres. Elles me *prêteraient* (3e. p. du p.) leurs dessins, si je les en *priais* (1re. p. du s.). Mon enfant, *travaille* (2e. p. du s.) bien. Nos élèves *ont compris* (3e. p. du p.) ces explications. Il *faut* (3e. p. du s.) que je lui *dise* (1re. p. du s.) cela. Il *serait* (3e. p. du s.) désirable que vous *eussiez terminé* (2e. p. du p.). Le proverbe *dit* (3e. p. du s.) : *Pense* (2e. p. du s.) avant que d'agir.

Du Temps.

(Gramm. Nos. 106 a 116.)

102°. — *J'étudie* (Indic. prés.) pendant que tu *joues* (Indic. prés.). Je *lisais* (Imparf. indicatif) quand il *vint* (Passé défini) me trouver. Nous *avons examiné* (Passé indéf.) vos devoirs; nous les *avons trouvés* (Passé indéfini) bien faits. Je *partis* (Passé déf.), dès que j'*eus réglé* (Passé ant.) mes affaires. Elles *avaient terminé* (P-q-p. indic.) avant votre arrivée. Monsieur, me *permettrez-vous* (Futur simple) de copier maintenant ma leçon? *J'aurai fini* (Futur ant.) pour l'heure de la sortie. Ma mère *a* toujours *été* (Passé indéf.) bonne pour moi. Vous n'*avez* rien *fait* (Passé indéf.) encore.

Des Modes.

(Gramm. Nos. 116 a 123.)

103°. — Je *suivrais* (M. condit.) cet ouvrage, si je le *possédais* (M. indic.). Tu *as lu* (M. indic.) cette fois avec application. Mes enfants, *faites* (M. impér.) bien tous vos devoirs. Il est beau de *remplir* (M. infinit.) ses engagements. Vous *désirez* (M. indic.) que vos cousines se *conduisent* (M. subj.) honnêtement. Elles *auraient* mieux *parlé* (M. condit.), si elles *avaient réfléchi* (M. indic.). Ces plumes *sont* (M. indic.) un peu fines. *Écoutez* (M. impér.) toujours avec docilité la parole de votre pasteur, de vos parents et de vos maitres..

Du Sujet.

(Gramm. Nos. 123 a 129.)

104°. — Mon *père* m'aime tendrement; *il* viendra bientôt me voir. Mes bons amis, *vous* ne devez jamais vous quereller. Aurait-*elle* besoin de renseignements pour traiter ce sujet? Que de fois *nous* avons blâmé leurs désobéissances! Quand *on* avoue sa faute, on l'efface en partie. Au bas de la page se trouve *l'explication*. Les *chapeaux* que mes *sœurs* ont achetés, leur plaisent infiniment.

Du Complément.

(Gramm. Nos. 129 a 135.)

105°. — Sauriez-vous déjà cette *nouvelle*? Il *te* recevra aujourd'hui. Nous aimons nos *parents* de tout notre cœur. Ne faites aucun *mal* à personne. Dieu punit, en ce monde ou en l'autre, *ceux* qui violent ses *commandements*. Nous *les* avons vus se livrer au travail avec ardeur. Emile avait lu le *journal*, quand on vint pour le chercher. O Marie! jetez un *regard* favorable sur nous, et par Jésus, conduisez-*nous* au ciel.

2.

Des Conjugaisons.

(Gramm. Nos. 135 a 143.)

106e. — Mon Sauveur, *faites* (4e. conj.) - moi la grâce de ne·
vous *offenser* (1re. c.) jamais. Je *veux* (3e. c.) me *réconcilier*
(1re. c.) avec vous ; Seigneur, *ayez* (3e. c.) pitié de moi. Vous
ne *rougirez* (2e. c.) jamais de *suivre* (4e. c.) la loi de J.-C.
Nous *croyons* (4e. c.) en Dieu, parce que nous *sommes* (4e· c.)
convaincus qu'il *existe* (1re. c.). Tout, dans l'univers, *prouve*
(1re. c.) sa bonté, sa magnificence. *Souvenez* (2e. c.) - vous
sans cesse qu'il *est* (4e. c.) présent partout, quoique vous ne
le *voyiez* (3e. c.) point.

Le Verbe Avoir et le Pronom Personnel.

(Gramm. Nos. 78 a 90 , 105 et 143.)

107e. — J'ai faim. Tu as peur. Il a soif. Elle a tort. Nous
avons pitié. Vous avez besoin. Ils ont horreur. Elles ont compassion. J'avais coutume. Il avait raison. V. aviez souci.
N. avions permission. Ils avaient froid. Tu eus envie. Elle
eut peine. N. eûmes souvenance. Ils eurent connaissance.
V. eûtes ordre. Il aura raison. Tu auras droit. J'aurai faim.
Ils auront tort. V. aurez du pain. N. aurons compassion.

108e. — J'aurais chaud. Il aurait soif. Ils auraient soin.
Nous aurions compassion. Vous auriez coutume. Que j'aie regret. Qu'il ait confiance. Que tu aies patience. Que v. ayez
contre-ordre. Qu'ils aient peur. Que n. ayons chaud. Que
j'eusse peine. Que tu eusses regret. Que n. cussions horreur.
Que v. eussiez foi. Qu'ils eussent besoin. Qu'elle cût pitié.

109e. — J'ai eu compassion. Tu as eu pitié. Il a eu tort.
Nous avons eu connaissance. Vous avez eu ordre. Ils ont eu
honte. Tu eus eu envie. Il eut eu horreur. N. eûmes eu
besoin. V. eûtes eu peur. Ils eurent eu chaud. Elle avait eu
faim. Tu avais eu besoin. Ils avaient eu contre-ordre. N. avions
eu du profit. V. aviez eu patience. J'aurai eu peur. Tu auras
eu répugnance. Ils auront eu pitié. N. aurons eu compassion.
V. aurez eu froid. •

110e. — Il aurait eu faim. Tu aurais eu profit. Ils auraient
eu du chagrin. Vous auriez eu besoin. Nous aurions eu patience. J'eusse eu horreur. Tu eusses eu peur. Il eût eu
pitié. V. eussiez eu ordre. Ils eussent eu froid. Que j'aie eu
raison. Que tu aies eu tort. Qu'il ait eu compassion. Que n.
ayons eu la croix. Que v. ayez eu cette place. Qu'ils aient
eu contre-ordre. Que j'eusse eu connaissance.

Le Verbe Être et le Pronom Personnel.

(Gramm. Nos. 78 a 90 , 105 et 144.)

111e. — Je suis picard. Tu es prudent. Il est spirituel. Elle est craintive. Nous sommes discrets. Vous êtes savants. Ils sont sensés. Elles sont grasses. Tu étais poli. Il était vif. N. étions musiciens. V. étiez veufs. Ils étaient jaloux. Je fus inquiet. Il fut malin. N. fûmes impartiaux. V. fûtes honteux. Ils furent témoins. Tu seras bavard. Je serai bon. Il sera muet. V. serez libéraux. N. serons prompts. Ils seront cois.

112e. — Je serais favorisé. Il serait impartial. Nous serions généraux. Ils seraient capricieux. Vous seriez partiaux. Que je sois hardi. Que n. soyons égaux. Qu'il soit acteur. Que v. soyez conseillers municipaux. Qu'ils soient orateurs. Que tu fusses colporteur. Que je fusse boudeur. Qu'il fût dangereux. Que n. fussions savants. Que v. fussiez cabaleurs. Qu'ils fussent persécuteurs.

113e. — J'ai été heureux. Tu as été poltron. Il a été vainqueur. Nous avons été égaux. Ils ont été complaisants. Il eut été boudeur. Ils eurent été meilleurs. J'avais été courageux. Il avait été franc. N. avions été soupçonneux. V. aviez été naïfs. Ils avaient été brefs. Tu auras été faux. Il aura été bouffon. V. aurez été immoraux. Ils auront été veufs. J'ai été tranquille. Tu as été protecteur. Ils avaient été calomniateurs. V. aurez été menteurs.

114e. — J'aurais été cruel. Il aurait été franc. Ils auraient été méchants. Ils eussent été généreux. Il eût été vindicatif. N. eussions été peureux. V. eussiez été savants. Ils eussent été matinals. Que tu aies été ambitieux. Qu'il ait été mou. Que n. ayons été bénins. Que v. ayez été absous. Qu'ils aient été bergers. Qu'il eût été bon. Que n. eussions été maîtres. Que v. eussiez été courageux. Qu'ils eussent été dispos. Que tu eusses été léger.

Exercices 111e. à 114e, traduits au féminin. et récipr.

(111e.) — Je suis picarde. Tu es prudente. Elle est spirituelle. Il est craintif. Nous sommes discrètes. Vous êtes savantes. Elles sont sensées. Ils sont gras. J'étais (ou : *tu étais*) polie. Elle était vive. Nous étions musiciennes. Vous étiez veuves. Elles étaient jalouses. Je fus (ou : *tu fus*) inquiète. Elle fut maligne. N. fûmes impartiales. V. fûtes honteuses. Elles furent témoins. Tu seras bavarde. Je serai bonne. Elle sera muette. V. serez libérales. N. serons promptes. Elles seront coites.

(112e.) — Je serais (ou : *tu serais*) favorisée. Elle serait impartiale. Nous serions générales. Elles seraient capricieuses.

Vous seriez partiales. Que je sois (ou : *que tu sois*) hardie. Que h. soyons égales. Qu'elle soit actrice. (On ne peut guère dire Q. v. soyez *conseillères municipales*). Qu'elles soient orateurs. Q. tu fusses colporteuse. Q je fusse boudeuse. Qu'elle fût dangereuse. Q. n. fussions savantes. Q. v. fussiez cabaleuses. Qu'elles fussent persécutrices.

(113º.) — J'ai été heureuse. Tu as été poltronne. Elle a été vainqueur. N. avons été égales. Elles ont été complaisantes. Elle eut été boudeuse. Elles eurent été meilleures. J'avais (ou : *tu avais*) été courageuse. Elle avait été franche. N. avions été soupçonneuses. V. aviez été naïves. Elles avaient été brèves. Tu auras été fausse. Elle aura été bouffonne. V. aurez été immorales. Elles auront été veuves. J'ai été tranquille. Tu as été protectrice. Elles avaient été calomniatrices. Vous aurez été menteuses.

(114º.) — J'aurais (ou : *tu aurais*) été cruelle. Elle aurait été franche. Elles auraient été méchantes. Elles eussent été généreuses. Elle eût été vindicative. N. eussions été peureuses. V. eussiez été savantes. Elles eussent été matinales. Que tu aies été ambitieuse. Qu'elle ait été molle. Q. n. ayons été bénignes. Q. v. ayez été absoutes. Qu'elles aient été bergères. Qu'elle eût été bonne. Q. n. eussions été maîtresses. Q. v. eussiez été courageuses. *Qu'ils eussent été dispos* (1). Que tu eusses été légère.

VERBES RÉGULIERS.

Première Conjugaison.

(Gramm. Nos 145 a 148.)

115º. — Je *chante* une romance. Tu marches dans la boue. Elle *brode* un collet. Nous *gagnions* de l'argent. Vous *agrafiez* sa sœur. Ils *consacraient* une église. Je *consolais* vos parents. Tu *enrôlais* des soldats. Ils *récoltaient* du blé. Je travaillai hier. Elles parlent souvent de vous. Tu *avais désigné* les lots. Nous épargnerions davantage. Ces chasseurs *tirent* un lièvre.

116º. — N. *souhaiterons* la bonne année. Tu *continueras* cela. Il *apostrophera* ces étrangers. Elles saignent du nez. Vous jouerez demain. Ils ont décampé d'ici. Tu dansais tout à l'heure. J'*appréhendais* leur visite. Il *déracinerait* tout. Arrête donc. *Assemblez* le conseil. Décampe bien vite. Je *refuse* de les voir. Elle *rajuste* ces robes. Tu aurais lutté de courage. N. *avons commandé* le dîner.

---

(1) *Dispos* ne s'emploie pas au féminin.

117ᵉ. — Q. n. calculions. Q. tu appliques. Qu'il attrape. Q. j'arguë. Q. tu rases. Qu'ils culbutent. Q. v. remarquassiez. Qu'elle, renversât. Q. j'occupasse. Q. nous augmentassions. Q. tu aies abandonné. Qu'il eût corrigé. Q. n. eussions distribué. Q. v. ayez éclairé. J'ai chassé. Tu *eusses loué* ces terres. Les honnêtes hommes ne trompent pas.

Seconde Conjugaison.

(Gramm. Nᵒˢ. 157 a 161.)

118ᵉ. — Je *subis* la punition. Tu *affaiblis* sa renommée. Il *ennoblit* la langue. N. *établissons* des principes. V. *avertissez* nos voisins. Ces élèves *faiblissent* déjà. Tu *nourrissais* des pauvres. Il *affranchira* mes lettres. Je *fléchissais* les genoux. Vous *blanchissiez* le linge. Elles *rafraîchissaient* ces plumes. Nous réfléchîmes. V. adoucîtes. Il *noircit* la table. Mes filles rougirent hier.

119ᵉ. — Tu *agrandiras* la maison. N. applaudirions bien volontiers. J'ai bondi de joie. Ses filles se *dégourdiront*. Obéissez à l'instant. N. *eûmes saisi* les récoltes. Tu *auras raffermi* la terre. V. *eûtes réuni* les voisins. Il *emplit* plusieurs tonneaux. J'*assujettissais* des planches. Ils *haïssent* les indiscrets. Tu eusses réussi, même sans sa protection. *Affranchissez* ma lettre et *avertissez* le facteur.

120ᵉ. — N. agissons sagement. V. maigrissiez à vue d'œil. J'*élargirai* l'allée. Elles avaient langui longtemps. IL FALLAIT QUE tu réussisses. Il aura grandi beaucoup. Rougissez de faire le mal. IL NE FALLAIT PAS QU'ils *eussent trahi* nos secrets. J'ai *envahi* la maison. N. *abolirions* cette coutume. Votre oncle *aurait haï* nos mensonges. FAUT-IL QUE nous périssions?

Troisième Conjugaison.

(Gramm. Nᵒˢ. 161 à 165.)

121ᵉ. — N. *conçûmes* autrefois cela. JE DÉSIRAIS qu'il dût le moins possible. JE NE PENSE PAS que tu *aies aperçu* le feu. Elles auraient redû après la livraison. V. *eûtes perçu* nos prestations. J'*aperçois* de la lumière. IL EXIGE que v. *receviez* les anciennes dettes. J'*avais reçu* vos lettres. *Conçois*-tu ceci ? Qu'ils aient dû, ou qu'il eût perçu. Ces petites *reçoivent* de mauvais conseils.

Quatrième Conjugaison.

(Gramm. Nᵒˢ. 165 à 172.)

122ᵉ. — N. *répandons* des engrais. V. perdiez avant mon arrivée. J'*eus attendu* votre tante. *Défends* ces jeux peu innocents. N. vendîmes à meilleur compte. Les enfants sont descendus ici. Il *entendra* lire sa condamnation. ILS DÉSIRAIENT

q. v. *moulussiez* mon grain. Ils *auront rompu* les chaînes. *J'interromprai* la querelle. Il correspondrait en franchise. *Entendez*-vous les oiseaux ?

123ᵉ. — Tu *revendras* ces chevaux. N. *entendons* fort bien sa voix. Elle *suspendit* la conversation. Vous *avez tendu* des piéges. IL FALLAIT que je *confondisse* les accusateurs. Ces chevaux mordaient parfois. V. *fondriez* des caracteres. Il *retordra* nos cordes. Réponds à ma question. N. *avions cousu* ceci. Qu'ils *décousent* cela. Je perds sur ce marché.

Verbes en cer.

(Gramm. Nº. 148.)

124ᵉ. — V. *agaciez* les passants. Il *annonça* la bonne nouvelle. N. *amorçâmes* le fusil. IL FAUT que j'aie avancé. Tu balançais d'obéir. Ils *eussent dénoncé* les perturbateurs. Tu *aurais déplacé* ces effets. (*Pas de sing. pour* effaçons l'écriture). N. *énonçons* mes intentions. Il *a exercé* divers métiers. V. ensemencerez et ils auraient prononcé. N. lançons et vous remplacez. Tu prononças. JE DÉSIRE que tu commences demain.

Verbes en ger.

(Gramm. Nº. 149.)

125ᵉ. — IL AURAIT FALLU qu'il eût mangé. ELLE DÉSIRAIT que je changeasse de vêtements. V. *aurez arrangé* le jardin. Tu *dégageais* ses effets. N. délogeons et n. déménageons. Ils *eurent dirigé* les travaux. Il *adjugea* ce meuble à un étranger. N. *soulageons* ce pauvre malheureux. Tu *ravageais* notre verger. J'avais partagé. Ils forgèrent toute la journée. MA SŒUR VOULAIT que votre cousine *obligeât* ces braves gens.

Verbes en eler, eter.

(Gramm. Nº. 150.)

126ᵉ. — J'*amoncelle* ces gerbes. *Attelles*-tu les chevaux ? Notre ouvrier *a carrelé* la salle. Ses frères auraient chancelé. N. *nivelâmes* ce terrain. IL FAUT que vous *épeliez* votre leçon. N. ne *renouvellerons* pas cet ordre. Ils *avaient cacheté* les lettres. Tu *pèles* des pommes, et je *jette* des cailloux. V. projetteriez toujours, et il achèterait sans cesse. *Rejette* les mauvais conseils.

127ᵉ. — Je *décachetais* ses lettres. Tu *décelas* nos secrets. Il a fureté partout. N. *désirons* que tu *attelles* trois chevaux. N. *eûmes souffleté* cet enfant. IL FALLAIT qu'il *rejetât* ces avis. *Achète* des pommes ou des poires. Ils *auront demantelé* ceci. N. *eussions étiqueté* les velours. IL FAUT q. v. *ayez martelé* ma plaque demain. Je *feuillette* des livres d'histoire.

Verbes dont la finale er est immédiatement précédée d'une autre syllabe ayant un e muet ou un é fermé, comme ceux en éger, éler, éter, ener, eser, ever, etc.

(Gramm. N° 151)

128ᵉ. — Je cède à votre désir. Tu *enlevais* des barricades. V. végétez dans cette profession. Elles règneront avec gloire. Tu pèses plus fort que lui. J'*inquiète* les passants. N. *révèlerions* les bonnes actions. Il FALLAIT qu'il achevât. Tu *amènes* ici un coupable!... ELLE EXIGE que je *protége* les opprimés. *Assiége* cette ville sans crainte. Il FAUT que je le *règle* sous deux jours.

Verbes entier, yer, éer, ouer, uer, etc.

(Gramm. Nos. 152 a 156.)

129ᵉ. — *Présentement* nous colorions et vous communiez ; nous copions et vous criez ; n. plions et v. dépliez. *Hier* nous priions, v. épiiez, n. fortifiions, v. injuriiez, n. glorifiions et v. v. justifiiez. Il FAUT que n. *oublions* ses injures ; q. v. psalmodiiez mieux ; q. n. *publiions* cela ; q. v. y remédiiez ; q. n. suppliions, et que v. *vérifiiez* mes comptes. VEUX-TU q. je mendie? DIEU EXIGE que tu le *pries* avec amour.

130ᵉ. — *Aujourd'hui* nous payons, vous balayez, n. côtoyons, v. déployez, nous appuyons, v. essuyez. *Hier* n. égayions, v. essuyiez, n. ployions, v. giboyiez, nous ennuyions, v. désennuyiez. ELLE NE VEUT PAS que n. enrayions, q. v. frayiez, q. n. relayions, q. v. coudoyiez, q. n. rudoyions, q. v. tutoyiez. Il FAUT q. je *nettoie* nos habits et que tu *côtoies* le rivage. Ils *effraient* les passants par des récits mensongers.

131ᵉ. — J'*agrée* cette offre. Tu *crées* des difficultés. Il maugrée bien souvent Il EST JUSTE qu'il se *récrée*. V. *suppléerez* son frère. J'argue à faux. N. *tuïons* des moineaux. V. *suïez* de grosses gouttes. N. *clouïons* ces planchers. V. *désavouïez* sa conduite. Il VEUT q. n. jouïons aux lotos ; q. v. *renouïez* vos cordons, et que nous *louïons* un cheval. JE DÉSIRE q. tu ponctues bien.

132ᵉ. — Je lui *envoie* un présent. Tu *effraies* ces petites. Il *appuie* la maison. Elles *raient* des pages entières. Je *côtoierai* la forêt. Il *essuiera* la table. Tu *étaieras* nos murs. Mes filles *balaieront* le dortoir. N. *nettoierions* des souliers. Tu *égaieras* la société. Il *ennuya* vos parents. V. *avez enrayé* la voiture. Il FALLAIT qu'il *déblayât* ces terreaux. Tu *bégaies*, mon ami. N. bégayions aussi autrefois.

133ᵉ. — Je *louerai* une chambre garnie. Tu joueras en récréation. Il *priera* Dieu avec ferveur. N. *secouïons* vos œillettes. ELLE DEMANDE q. v. *certifiiez* sa moralité. Hier, tu criais au secours; aujourd'hui tu *désavoues* tout. Ils *ont estropié* un mouton. Nous *délierons* leurs paquets, qu'ils *expédieront* ensuite. *Tue* donc ces moineaux. Il échouerait dans cette entreprise. V. *clouâtes* mal la porte.

RÉCAPITULATION DES VERBES.

(Gramm. Nos. 148 à 172.)

134°. — N. forçons à la 3°. décimale. Tu *ménageais* sa faiblesse. IL FAUT que j'*appelle* les enfants. *Cachetez* cette lettre avec de la cire. *Pèle* bien vite les pommes. Mes sœurs *ont acheté* une maison. Il espérera jusqu'à la fin. NE PENSEZ PAS que je *ramène* la voiture. Vous les *suppliiez* inutilement. IL FALLAIT qu'il *déployât* de la vigueur. N. n. *créons* des amis. Ce voleur *menaça* nos domestiques.

135°. — Tu *aurais protégé* mes enfants. Il contribuerait à les *perdre*. IL FAUDRA que nous *déblayions* ces magasins. Hier, vous *jouiiez*; aujourd'hui vous *remuez*. Le missionnaire *avait béni* cela. Je *hais* le mensonge. Tu *eusses dû* l'avertir. Ils se *créeront* des difficultés. Je *crains* de le *déranger*. Nous partageons avec eux de bon cœur. *Apprécie* leurs bonnes qualités. Payez et ne vous *plaignez* pas.

136°. — Tu *remuais* souvent en classe. Il florissait du temps de Louis XIV. IL FAUT que je *feuillette* ceci. Mon enfant *força* la porte. V. *croyiez* cela autrefois. *Conçois*-tu mon explication? Ils se *noient*! quel malheur! Je DÉSIRERAIS qu'il *essuyât* la table. Vous *simplifieriez* l'affaire. Je *considère* ces lieux. Nous *rachèterons* des chevaux. ELLE DOUTE que tu *agrées* nos cadeaux. Il l'*aura* sans doute *absous*.

137°. — N. chancelons dans cette pénible affaire. IL AURAIT FALLU q. v. *eussiez craint* la punition. *Promène*-toi dans la cour. CROIS-TU qu'ils *emploient* mal le temps? Il *pria* Dieu avec attention. IL FALLAIT qu'il travaillât mieux. J'*appuie* votre candidature. IL FAUT DONC que tu *coudoies* les voisins? Espérez en l'avenir et essayez de rester. Tu *surnageais* sur l'eau. (*Pas de sing. pour* Travaillons).

138°. — N. *nivelons* ces terrains. Tu *furettes* partout. Vous *variiez* les explications. Je *bégaie* parfois en récitant. Vous *tutoyiez* mes parents. V. *amorçâtes* le fusil. Il *allongea* les traits. IL NE FALLAIT PAS qu'ils *balançassent*. Je préfère sortir ce soir. JE RESTERAI quoique tu m'*inquiètes*. VEUX-TU que n. ayons fini demain? Aussitôt que tu eus joué, n. n. *récréâmes* à notre tour.

139°. — Ils *reliront* ces livres. Je *lierais* notre blé. *Agrée* ces jolis présents. IL FAUT que nous *appréciions* leurs qualités. N. *haïssons* les paresseux. V. *avez craint* la punition. Ils *auront* *surpris* mes secrets. *J'eusse préféré* la mort. JE DÉSIRE que tu *avertisses* mon frere. *Rends* bien vite cela. Mon enfant *enverra* les paquets. IL FAUDRAIT qu'il fût attentif. FAITES que nous *voyions* et que nous *ayons* ceci.

140°. — V. *bouleversez* tout, mon ami. N. prions avec persévérance. IL FAUT que *j'expie* notre faute. Hier, v. v. *appuyiez* sur moi. Mes cousins *remercieront* ce brave homme. J'épelle maintenant. Tu *époussètes* le linge. Elle *dédommagea* mes amies. N. *inquiétons* les passants. IL FAUDRAIT qu'ils *répétassent* le sujet. Tu *broies* des couleurs. *Avoueriez*-vous cette faute? NE CROIS PAS q. n. *tuïons* le gibier. Ils *suppléèrent* mon frère. N. *suppléons* aussi les leurs.

Des Verbes passifs.

(Gramm. Nos. 172 a 177.)

141°. — Je suis estimé, tu es estimé, il est estimé, n. sommes estimés, v. êtes estimés, elles sont estimées.

J'étais chéri, tu étais chéri, il était chéri, n. étions chéris, v. étiez cheris, elles etaient chéries.

Je fus plaint, tu fus plaint, il fut plaint, n. fûmes plaints, v. fûtes plaints, elles furent plaintes.

Je serai irrité, tu seras irrité, il sera irrité, n. serons irrités, v. serez irrités, elles seront irritées. *Impératif:* Sois irrité, soyons irrités, soyez irrités. (ou *irritée, irritées,* pour le fém.).

Q. j'aie été absous, q. tu aies été absous, qu'il ait été absous, q. n. ayons été absous, q. v. ayez été absous, qu'elles aient été absoutes.

Des Verbes neutres.

(Gramm Nos 177 a 182)

142°. — Je languirais, tu languirais, il languirait, n. languirions, v. languiriez, elles languiraient.

Que je nage, q. tu nages, qu'il nage, q. n. nagions, q. v. nagiez, qu'elles nagent.

Que je descendisse, q. tu descendisses, qu'il descendît, q. n. descendissions, q. v. descendissiez, qu'elles descendissent.

Que je fusse entré, q. tu fusses entré, qu'il fût entré, q. n. fussions entrés, q v. fussiez entrés, qu'elles fussent entrées.

Je suis parti, tu es parti, il est parti, n. sommes partis, v. êtes partis, elles sont parties.

J'aurai profité, tu auras profité, il aura profité, n. aurons profité, v. aurez profite, elles auront profité.

Dés Verbes pronominaux.

(Gramm. Nos. 182 a 187)

143°. — Je m'avance, tu t'avances, il s'avance, n. n avançons, v. v. avancez, elles s'avancent.

Je me glorifiais, tu te glorifiais, il se glorifiait, n. n. glorifiions, v. v. glorifiiez, elles se glorifiaient.

Je me rendis, tu te rendis, il se rendit, n. n. rendîmes, v. v. rendîtes, elles se rendirent.

Je me suis aperçu, tu t'es aperçu, il s'est aperçu, n. n. sommes aperçus, v. v. êtes aperçus, elles se sont aperçues.

Je me fus reuni, tu te fus reuni, il se fut reuni, n. n. fûmes réunis, v. v. fûtes réunis, elles se furent réunies.

Je m'étais entendu, tu t'étais entendu, il s'était entendu, n. n. étions entendus, v. v. etiez entendus, elles s'étaient entendues.

Des Verbes unipersonnels.

(Gramm Nᵒˢ. 187 a 190)

144ᵉ. — Il pleuvra, il faudra, il tonnera.

Il aura neigé, il aura grêlé, il aura plu.

Il s'agirait, il importerait, il arriverait.

Qu'il faille, qu'il gele, qu'il suffise.

Qu'il bruinât, qu'il fît, qu'il neigeât.

Qu'il eût valu, qu'il eût résulté, qu'il eût convenu (ou : *qu'il fût convenu*).

DE LA FORMATION DES TEMPS.

(Gramm. Nᵒˢ. 190 a 221.)

145ᵉ. — Je couperai, n. couperons; j'embellirai, n. embellirons : je devrai, n. devrons; je romprai, n. romprons; je prierai, n. prierons; je copierai, n. copierons; j'éteindrai, n. éteindrons ; je louerai, n. louerons ; je combattrai, n. combattrons; j'offrirai, n. offrirons; je saluerai, n. saluerons; je tressaillirai, n. tressaillirons ; je rejoindrai, n. rejoindrons ; je survivrai, n. survivrons ; je moudrai, n. moudrons; je convaincrai, n. convaincrons; je répondrai, n. répondrons ; je courrai, n. courrons.

146ᵉ. Tu romprais, ils rompraient; tu copierais, ils copieraient; tu teindrais, ils teindraient; tu tressaillirais, ils tressailliraient; tu couperais, ils couperaient; tu combattrais, ils combattraient; tu devrais, ils devraient; tu prierais, ils prieraient; tu répondrais, ils repondraient; tu saluerais, ils salueraient; tu convaincrais, ils convaincraient; tu offrirais, ils offriraient; tu louerais, ils loueraient; tu éteindrais, ils éteindraient; tu saurais, ils sauraient; tu mordrais, ils mordraient; tu relaierais, ils relaieraient.

147ᵉ. — N. menaçons, v. menacez, ils menacent ; n. assiégeons, v. assiégez, ils assiégent; n. soufFletons, v. souffletez, ils soufFlettent; n. reléguons, v. reléguez, ils relèguent; n. ennuyons, v. ennuyez, ils ennuient; n. ramenons, v. ramenez, ils ramènent; n. crions, v. criez, ils crient; n. effrayons, v.

effrayez, ils effraient; n. suppléons, v. suppléez, ils suppléent;
n. bâtissons, v. bâtissez, ils bâtissent; n. bouillons, v. bouil-
lez, ils bouillent; n. courons, v. courez, ils courent; n. valons,
v. valez, ils valent; n. voyons, v. voyez, ils voient.

148e. — Il cueillait, il envoyait, il mourait, il repartait, il
pleuvait, il pouvait, il créait, il savait, il joignait, il paraissait,
il dépeignait, il rouvrait, il absolvait, il avait, il vêtait.

149e. — Que je couse, q. v. cousiez; que je croie, q. v.
croyiez; q. je vive, q. v. viviez; q. je broie, q. v. broyiez;
q. je fuie, q. v. fuyiez; q. je boive, q. v. buviez; q. je com-
prenne, q. v. compreniez; q. je prévale, q. v. prévaliez; q. je
sache, q. v. sachiez; q. je surfasse, q. v. surfassiez; q. je con-
gédie, q. v. congédiiez.

150e. — Envoie, envoyons, envoyez. Fuis, fuyons, fuyez.
Meurs, mourons, mourez. Couds, cousons, cousez. Repars, re-
partons, repartez. Coudoie, coudoyons, coudoyez. Agrée,
agréons, agréez. Décrie, décrions, décriez. Promets, promet-
tons, promettez. Resous, résolvons, résolvez.

151e. — Que j'épiasse, q. je parusse, q. je plaignisse, q. je
résolusse, q. je vainquisse, q. je revisse, q. je vécusse, q. j'al-
lasse, q. je vinsse, q. je naquisse, que j'envoyasse, q. je mou-
russe, q. je tinsse, q. je revêtisse, q. je prévisse, q. je valusse,
q. je joignisse, q. je travaillasse, q. je pusse, q. je fisse, q. je
survécusse, q. j'inscrivisse, q. j'accrusse, q. je bégayasse, q.
j'agréasse, q. j'entreprisse, q. je convainquisse, q. je recon-
nusse.

VERBES IRRÉGULIERS ET VERBES DÉFECTIFS.
Temps primitifs.
(Gramm Nos. 221 a 227.)

152e. — *Renvoyer*, renvoyant, renvoyé, je renvoie, je ren-
voyai. — *Feindre*, feignant, feint, je feins, je feignis. — *Ac-
quérir*, acquérant, acquis, j'acquiers, j'acquis. — *Plaire*, plaisant, plu, je plais, je plus. — *Découvrir*, découvrant, décou-
vert, je découvre, je découvris. — *Mouvoir*, mouvant, mû, je
meus, je mus. — *Recourir*, recourant, recouru, je recours, je
recourus. — *Conclure*, concluant, conclu, je conclus, je conclus. — *Accueillir*, accueillant, accueilli, j'accueille, j'accueillis. — *Mentir*, mentant, menti, je mens, je mentis.— *Craindre*,
craignant, craint, je crains, je craignis. — *Mourir*, mourant,
mort, je meurs, je mourus. — *Rouvrir*, rouvrant, rouvert, je
rouvre, je rouvris. — *Croire*, croyant, cru, je crois, je crus.
— *Départir*, départant, départi, je depars, je départis. — *Pres-
sentir*, pressentant, pressenti, je pressens, je pressentis. — *Re-
moudre*, remoulant, remoulu, je remouds, je remoulus. — *Asservir*, asservissant, asservi, j'asservis, j'asservis. — *Surseoir*,
sursoyant, sursis, je surseois, je sursis.—*Ressortir*, ressortant,

ressorti, je ressors, je ressortis. — *Naître,* naissant, né, je nais, je naquis. — *Tenir,* tenant, tenu, je tiens, je tins. — *Détordre,* détordant, détordu, je détords, je détordis. — *Assaillir,* assaillant, assailli, j'assaille, j'assaillis.

153ᵉ. — *Répondre,* répondant, répondu, je réponds, je répondis. — *Devenir,* devenant, devenu, je deviens, je devins. — *Revêtir,* revêtant, revêtu, je revêts, je revêtis. — *Rasseoir,* rasseyant, rassis, je rassieds, je rassis. — *Falloir* (Pas de p. prés.), fallu, il faut, il fallut. — *Lire,* lisant, lu, je lis, je lus. — *Revoir,* revoyant, revu, je revois, je revis. — *Pouvoir,* pouvant, pu, je peux ou je puis, je pus. — *Médire,* médisant, médit, je médis, je médis. — *Recoudre,* recousant, recousu, je recouds, je recousis. — *Adjoindre,* adjoignant, adjoint, j'adjoins, j'adjoignis. — *Prevaloir,* prévalant, prevalu, je prévaux, je prevalus. — *Maudire,* maudissant, maudit, je maudis, je maudis. — *Apparaître,* apparaissant, apparu, j'apparais, j'apparus. — *Fuir,* fuyant, fui, je fuis, je fuis. — *Absoudre,* absolvant, absous, j'absous (Pas de passé défini). — *Sourire,* souriant, souri, je souris, je souris. — *Convaincre,* convainquant, convaincu, je convaincs, je convainquis. — *Pleuvoir,* pleuvant, plu, il pleut, il plut. — *Revivre,* revivant, revécu, je revis, je revécus. — *Reluire,* reluisant, relui, je reluis (Pas de passé défini). — *Décrire,* décrivant, décrit, je décris, je décrivis. — *Promettre,* promettant, promis, je promets, je promis. — *Pourvoir,* pourvoyant, pourvu, je pourvois, je pourvus.

154ᵉ. — *Nuire,* nuisant, nui, je nuis, je nuisis. — *Comprendre,* comprenant, compris, je comprends, je compris. — *Interrompre,* interrompant, interrompu, j'interromps, j'interrompis. — *Asservir,* asservissant, asservi, j'asservis, j'asservis. — *Prescrire,* prescrivant, prescrit, je prescris, je prescrivis. — *Eteindre,* éteignant, éteint, j'éteins, j'éteignis. — *Consentir,* consentant, consenti, je consens, je consentis. — *Repondre,* répondant, répondu, je réponds, je répondis. — *Battre,* battant, battu, je bats, je battis. — *Naître,* naissant, né, je nais, je naquis. — *Résoudre,* résolvant, résous (ou résolu), je résous, je résolus. — *Instruire,* instruisant, instruit, j'instruis, j'instruisis. — *Disjoindre,* disjoignant, disjoint, je disjoins, je disjoignis. — *Pouvoir,* pouvant, pu, je peux ou je puis, je pus. — *Acquérir,* acquérant, acquis, j'acquiers, j'acquis. — *Boire,* buvant, bu, je bois, je bus. — *Contrefaire,* contrefaisant, contrefait, je contrefais, je contrefis. — *Savoir,* sachant, su, je sais, je sus. — *Prévenir,* prévenant, prévenu, je préviens, je prévins. — *Ceindre,* ceignant, ceint, je ceins, je ceignis. — *Essayer,* essayant, essayé, j'essaie, j'essayai. — *S'abstenir,* s'abstenant, abstenu, je m'abstiens, je m'abstins. — *Concevoir,* concevant, conçu, je conçois, je conçus. — *S'asseoir,* s'asseyant, assis, je m'assieds, je m'assis. — *Requérir,* requérant, requis, je requiers, je requis.

RÉCAPITULATION DES VERBES
RÉGULIERS ET IRRÉGULIERS.

(Gramm. Nos. 148 a 190, et princip. de 190 a 227.)

155e. — Annoncer : Nous *annonçons* la bonne nouvelle.
Rire : Vous *riez* quand nous arrivâmes.
Partager : Il *partagea* avec ses camarades.
Révéler : Je vous *révélerai* son secret.
Contribuer : Ils y *contribueraient* volontiers.
Haïr : Mon enfant, *hais* le mensonge.
Rappeler : Elle désire que je la *rappelle*.
Peindre : Tu *peins* fort bien les ciels de tableaux.
Compromettre : Cet homme *a compromis* son associé.

156e. — Déployer : Veux-tu qu'ils *déploient* leur valeur?
Se promener : N. n. *promènerons* là demain encore.
Fleurir : Vous *florissiez* du temps de Napoléon.
Bénir : Le prêtre *aurait béni* les cierges.
Créer : Il faudrait que l'on *créât* une circonscription.
Etudier : Je désire que vous *étudiiez*.
Projeter : Tu *projetas* toute la vie sans rien entreprendre.
Coudre : Mesdames, *aviez-vous cousu* cela ?
Rejoindre : J'aurais préféré que mon frère m'*eût rejoint*.

157e. — Relier : Ce relieur *reliera* ma grammaire.
Perdre : Tu *perds* ton temps, mon cher ami.
Sortir : Nous *sortîmes* hier plus tôt qu'aujourd'hui.
Mourir : Ils en *mourraient* de chagrin et de honte.
Vaincre : Les Romains *vainquirent* plusieurs fois Annibal.
Ecrire : J'*aurais écrit* la semaine dernière, si je l'avais voulu.
Dire : *Dis* (ou *dites*) au maréchal de venir tout de suite.
Faire : Maman désire que nous *fassions* notre devoir.
Venir : Je voudrais que vous *vinssiez* chez moi.

158e. — Détruire : Vous *détruisîtes* un bien beau monument.
Atteindre : Quand tu *auras atteint* l'âge de raison, tu seras libre.
Emmener : Il faut que mon oncle l'*emmène* avec lui.
Craindre : *Craignez* Dieu plus que les hommes, mes enfants.
Permettre : Papa m'*avait permis* d'aller trouver ma sœur.
Venir : *Venez*, que je vous parle, messieurs.
Mettre : Il faut que j'*aie mis* mon style au net ce soir.
Confondre : Auriez-vous pensé qu'ils *eussent confondu* ces
Fuir : Vous *fuyiez* de peur, bien mal à propos   [choses?

159e. — Aller : *Vas*-y, si tu le veux.
Surseoir : Il *sursoiera* à votre exécution.
Ouïr : J'*ois* fort bien vos paroles. (*)

___

(*) *J'ois* est bien peu usité. Au lieu de *ouïr*, au prés. indic. surtout,
on se sert mieux de *entendre*.

Eclore : Je désire que cette fleur *éclose* bientôt.

Seoir : Ces manières vous *siéent* mal.

Messeoir : Votre conduite *messiérait* envers tout autre.

Rejaillir : Voudrais-tu que sa honte *rejaillît* sur nous?

Accourir : Nous *accourions* pour vous atteindre.

S'enquérir : Vous vous *enquerrez* du motif de sa fuite.

160e. — J'acquiers, tu coudoies, il entr'ouvre, n. rejoignons, v. êtes, elles requièrent. — J'ai rejoint, tu as confit, il a aperçu, n. avons ouvert, v. avez valu, elles ont pourvu. — Je feignais, tu allais, il résolvait, n. voyions, v. criiez, elles assaillaient. — J'avais cru, tu avais prévu, il avait failli, n. avions dit, v. aviez cousu, elles avaient étreint. — Je veux, tu t'assieds, il moud, n. n. souvenons, v. contredisez, elles éclosent.

161e. — Je contraignis, tu parvins, il employa, n. plaignîmes, v. aperçûtes, elles allèrent. — J'eus prédit, tu eus battu, il eut pu, n. eûmes soudoyé, v. eûtes éteint, elles eurent mû. — Je combattrai, tu broieras, il rassiéra (ou rasseira), n. jouerons, v. cueillerez, elles poindront. — J'aurai compris, tu auras craint, il aura offert, n. aurons remoulu, v. aurez su, elles auront adjoint. — Je revêts, tu vas, il échoit (ou il échet), n. n. asseyons, v. éteignez, elles revêtent.

162e. — J'achèverais, tu saurais, il aboierait, n. débattrions, v. enverriez, elles recachetteraient. — J'éteins, tu pressens, il messied, n. absolvons, v. excluez, elles croient. — J'aurais feint, tu aurais assis, il aurait acquis, n. aurions entr'ouvert, v. auriez déchu, elles auraient contraint. — J'eusse combattu, tu eusses dit, il eût vu, n. eussions résolu, v. eussiez aperçu, elles eussent rejoint. — Sois, ayons, satisfaites. — Hais, éteignons, défaites.

163e. — Que j'ennuie, q. tu plaignes, qu'il vienne, q. n. tuions, q. v. reveniez, qu'elles espèrent. — Q. j'aie écrit, q. tu aies pris, qu'il ait plu, q. n. ayons soustrait, q. v. soyez partis, qu'elles aient tordu. — Q. j'éteignisse, q. tu apprisses, qu'il parvînt, q. n. contraignissions, q. v. fissiez, qu'elles retordissent. — Q. j'eusse su, q. tu fusses né, qu'il fût venu, q. n. eussions offert, q. v. eussiez absous, qu'elles eussent convaincu. — Meurs, moulons, cousez. — Resous, maugréons, enquerez-vous.

164e. — Je reviens, tu es, il bout, n. naissons, v. redites, elles siéent. — J'émouvais, tu émoulais, il oignait, n. suïons, v. croyiez, elles gisaient. — Je cueillis, tu émus, il écrivit, n. comprîmes, v. accourûtes, elles vainquirent. — Je mourrai, tu iras, il écherra, n. acquerrons, v. vaudrez, elles écloront. — Q. j'aille, q. tu puisses, qu'il bouille, q. n. attelions, q. v. vous asseyiez, qu'elles espèrent.

165e. — Je nivellerais, tu renverrais, il éteindrait, n. ennuierions, v. mourriez, elles écherraient. — Aie, croissons, sachez. — Achète, permettons, voulez (ou veuillez). — Q. je craigne, q. tu attelles, qu'il acquière, q. n. resolvions, q. v. fassiez, qu'elles rient. — Q. j'ennuyasse, q. tu moulusses, qu'il sortît, q. n. mourussions, q. v. permissiez, qu'elles acquissent. — Va, vaincs, récrée.

EXERCICES DE RÉCAPITULATION

SUR LES NOMS, LES ADJECTIFS, LES PRONOMS ET LES VERBES.

(Gramm. No. 29 a 227.)

166e. — Ma cousine Honorine a une voix *harmonieuse, enchanteresse*. Ta sœur cadette se marie. Sera-t-elle *heureuse*? Elle a de beaux yeux *bleus*. Cette bonne mère chérit ses *enfants*; elle épie leurs *désirs*; elle les *aime* tendrement. Mon ami, tu seras estimé, si tu *travailles*; sois respectueux, aie de la complaisance. Léontine et Laurette sont rentrées *inquiètes*; elles *seraient* contentes et *satisfaites* de savoir où tu *es*.

167e. — Philadelphe joue bien, il étudie mal. Tu ne sais pas les ruses *effrontées* qu'il emploie pour faire ses *devoirs*; il les *copie* sur ceux de ses camarades. Il hue les *passants*; il *jette* des cailloux dans les *ormeaux* et sur les chevaux qui *passent* dans les chemins vicinaux. Les sapajous *plaisent*; les *genoux* plient. Léopold chancelle dans les entreprises qu'il *projette*.

168e. — Rodolphine gémit de la conduite scandaleuse que tu *tiens*; elle avoue qu'elle t'aime, *reviens* de ton erreur. Tu l'inviteras à venir, et tu la *prieras* de rester à la fête *patronale*. Ma *chère* amie, tu es restée coite dans ta petite chambre, tu as bien fait. N'es-tu pas la favorite de ta maîtresse? Nous vous voyions, tandis que vous *criiez* au secours.

169e. — Louis étudie la grammaire *grecque*; il sait déjà la langue latine. Tu voyageas dans les pays méridionaux; en *rapportas*-tu des choses curieuses? Ces chevaux *muent*; ils mueront encore plus au printemps. Tu coudoies ton ami; *conviens* que tu as tort. Tu veux me tromper, mais je t'épie et je te surprendrai. Tu m'initias dans ces sciences secrètes, et je les *connus*. Je *tue* des perdreaux, tu en *tueras* toi-même.

170e. — Je combattrai tes rivaux; tu vaincras les miens. *Achète* mes joujoux; ils sont beaux et *nouveaux*. Vous protégeâtes les veuves et les orphelines, vous *fîtes* bien. Ces *maréchaux* ne forgeaient que des essieux. Les soldats ravageaient les châteaux, par où les généraux les *forçaient* de passer. Nous *glorifions* le nom du Seigneur, lorsque vous *riiez* à gorge *déployée*.

171e. — Tu vis les enfants de ta sœur aînée; tu les *caressas*; tu leur donnas des images dorées. Vous vous *tutoyiez* à l'école normale; pourquoi ne vous *tutoieriez*-vous plus aujourd'hui ? Je m'*aperçois* que l'œil du maître nous aperçoit; l'*aperçois-tu* ? Tu bois les liqueurs spiritueuses que je *vends* ; tu te fais mal. Ce chien aboie; il mord les voyageurs, tue-le, il n'*aboiera* plus, et il ne *mordra* plus.

172e. — Je vous paie d'avance, afin que vous défrayiez mes *domestiques*. Je l'*envoie* ces soliveaux, pour que tu *étaies* la vieille poutre qui plie, et dont le mauvais état effraie tous ceux qui la *voient*. Ces eaux *bourbeuses se* clarifieront. Dieu veut que les enfants honorent, *estiment*, *respectent* les auteurs de leurs jours. Je *joins* mes ferventes prières aux siennes ; joins-y les tiennes aussi.

173e. — Ces généraux *pacifieront* leur pays; pacifierez-vous le vôtre ? Mon fils, je *crains* le Seigneur ; *crains*-le toi-même, et plains ceux qui ne le *craignent* pas. Satisfaites aux obligations nombreuses que vous *contractâtes*. Ne contredisez donc pas vos amis comme vous le *faites*. Tu cedes à mes vœux, parce que tu sais que nous *cèderons* aux tiens. Chéris et bénis ta mère qui est veuve; *aime* et soutiens ton frère.

174e. — *Ris* si tu *veux*, mais suis mes conseils amicals. Il faudrait que tu *apprisses* mieux tes leçons, pour que tu les répétasses bien. *Fais* des efforts pour que j'oublie tes *fautes passées* ; avoue que tu as manqué, et que tu t'en repens. Désavoue les moyens *immoraux* que tu employas, renie-les. Ses deux *aïeuls* paternels remplirent des places éminentes. Je *jouerai* aux lotos, joues-y aussi.

175e. — Rejoins tes amis, suis-les. Nous *agréerons* vos loyaux hommages. Cette gentille fille se *noie*, cours la sauver, et tu recevras une récompense *flatteuse*. J'aperçus de beaux *acajous* dans les lieux où nous nous reposâmes. Je vous salue, Reine des anges, vous êtes *bénie* par dessus toutes les femmes ; le fruit de vos chastes et *maternelles* entrailles est *béni*. Tu *éternues* sans cesse ; *prends* cette précieuse poudre et tu n'*éternueras* plus.

176e. — *Lis* cette lettre tandis que je lierai les cordons de mes souliers. Relis ton devoir, et tu t'*apercevras* que tu *oublies* quelque chose. Tu contraignis ta vertueuse et bénigne sœur à partir, par tes procédés *brutaux* ; tu la forças à quitter la maison *paternelle*, et maintenant tu l'y *rappelles*!... Voudra-t-elle revenir ? Tu en doutes toi-même. J'oublie les grossières injures que tu m'adressas; *oublie celles* que tu reçus.

177e. — *Ces* filous crochètent adroitement; ils crochetèrent mon secrétaire. Balaie la cuisine, nous *nettoierons* la salle. Si vous décriiez les conseillers municipaux, on vous *décrierait* aussi. Nous suions sang et eau lorsque nous arrivâmes au débarcadère. Tu *donneras* des *détails exacts* sur *cette* affreuse catastrophe. Crois-moi, mon ami, fuis les *bals* et les *mauvaises sociétés*. Avoue tes torts, j'*avouerai* les miens.

178e. — *Sors* et reviens au plus tôt. Nous *achetâmes* de jolis bambous que nous *revendîmes* fort cher. Les charrons *fabriquent* des *moyeux*. Meurs, s'il le faut, mon fils, ne te plains pas ; *sers* ta patrie, et sacrifie-lui ta vie. Je te *renouvelle* mes protestations amicales ; tu me *renouvelas* les tiennes que je *crus sincères*. Ces propriétaires brutaux *renouvellent* leurs baux à la Saint-André. Nous payions notre écot tandis que v. v. *enfuyiez* ; j'*espère* que vous paierez *le vôtre* plus tard.

179e. — Je *tuerai* des hiboux, qui sont des oiseaux nocturnes ; je te les *enverrai*, et tu les pendras à ta porte cochère. *Prends* de l'eau bénite, et fais le signe de la croix. Remue-toi dans cette affaire épineuse, et tu ne la perdras pas. Nous broyons des couleurs *vives ;* vous en *broierez* aussi. Nous les broyions tandis que vous *deliiez* les ballots d'almanachs, que vous *expédièrent* des libraires d'Amiens. Ces enfants *parlaient* mal.

180e. — Quand je me *rappelle* les plaisantes aventures que tu me *rappelas*, je *ris* beaucoup. Nous nous *ennuyions* pendant que nous *voyagions* dans les contrées *septentrionales* de l'Afrique française. Tu manges des pruneaux confits ; donnes-en à ta sœur qui les *aime* beaucoup. Lorsque tu vas à la promenade sur les côteaux, tu *déracines* les plus belles plantes que tu *trouves*, tu les *offres* à ta bonne mère, et tu *reviens* content de ton excursion matinale.

181e. — Alexandre, le mari de ta cousine germaine, te *chargea* de ses affaires, et tu *parvins* à mériter sa confiance. On *amoncellera* des terreaux dans ces *trous*, et l'on *nivellera* les inégalités du sol. Jérôme, *perçois* mes rentes, et distribue-les aux familles les plus *nécessiteuses* de nos hameaux. Nous *commençons* à voir que nous *essaierions* en vain nos forces herculéennes. Je *recachette* la lettre oblongue que tu *décachetas ;* je la renvoie à la poste.

182e. — On appelle fleuve une rivière dont les eaux sont considérables et se *jettent* directement dans la mer. Quoique ces jeunes gens *aient* des talents, ils ne réussissent en rien, ils *végètent*. L'année dernière, nous *envoyions* nos lettres par occasion, maintenant nous les *envoyons* par la poste. Vous n'*employez* plus aujourd'hui les matières que vous *employiez* alors. Quand il vint nous faire ses adieux, nous *pliions* nos paquets. Il importe que vous *expédiiez* vos marchandises bien *empaquetées*.

183e. — *Ces* jeux-là nous *égaieront* et nous *récréeront*. Crois-tu qu'on *agrée* tes belles offres ? Il faut que tu renvoies tes pièces immédiatement, afin que nous *justifiions* ta créance. Ce sont là des travaux qui *récréent* plus qu'ils ne *fatiguent*. Tu *déploieras* toute la vigueur que *réclament* les circonstances. Vous *haïssez* le mensonge, dites-vous ; je le *hais* également.

Anatole, tu *interprètes* mal les choses que je te dis; tu me fais de la peine; je voudrais que tu les *comprisses* mieux.

184e. — Il faudrait que tu ne nous *ennuyasses* plus avec tes contes *banals*. Quand *achèveras-tu* tes travaux? Tu mis ta confiance en ces hommes partiaux; ils en *abusèrent* étrangement. *Aplanis* ces *terrains* inegaux. Nous fîmes des repas frugals qui nous *rassasièrent*. Reviens de ton erreur, *avoue* que tu eus tort, et promets-nous que tu ne commettras plus de pareilles fautes. Adolphe, remets-moi les tableaux que ta mère te *donna;* on dit que tu les perdis dans tes courses vagabondes.

185e. — Apprécie les maux que tu te *crées* lorsque tu soutiens le mensonge. J'*achèterai* des chevaux, et d'autres bestiaux; tu loueras des terres productives, et nous *créerons* une métairie. Nos gouvernants *relègueront* ces hommes déloyaux et originaux dans des *provinces lointaines*, d'ou on ne les *rappellera* jamais. Ces hommes *jouissent* d'une force *herculéenne* qui les ferait admirer dans les contrées *européennes*. Rosalie feignit d'être *fâchée*, et je lui fis des reproches qui lui firent verser d'abondantes larmes.

186e. — Ces belles fleurs *s'épanouissent* dès que le soleil paraît. Dans notre promenade *matinale*, tu *cueilleras* des végétaux, tu en feras des sirops pectoraux, que tu *distribueras* aux pauvres. La nature ne *crée* pas tous les hommes égaux en facultés. Si tu dédis mon cousin, il ne te *dédiera* pas son livre. Nous devinions pourquoi vous riez si fort: c'est parce que vous ne croyiez pas ce que l'on vous *disait*. Assieds-toi, *mets* la main à l'œuvre, couds tes boutons, et ne te *contrarie* pas.

187e. — Vous *niez* la vérité, tandis que nous priions pour vous. Les Russes ravageaient nos *belles* provinces, et se *partageaient* nos riches dépouilles. *Efforçons*-nous de devenir sages; ménageons les heures précieuses de la vie présente, et *rappelons*-nous que notre âme est immortelle. Vous me dites souvent que la France florissait sous Louis XIV; moi, je *soutiens* qu'elle était encore plus florissante sous Napoléon. Est-ce vrai que de votre temps les abricotiers *fleurissaient* au mois de février?

188e. — Les agneaux que tu *élèves*, sont beaux. Nous rencontrâmes dernièrement les louveteaux que tu *apprivoisas*. Il est nécessaire que nous sachions si les princesses étrangères relaieront ici, afin que nous *déployions* tout notre luxe. Ces terres sont *productives;* plantez-y des graines recherchées. Tu les cueilleras avec soin, *et* tu les enverras à Amiens, où tu les *vendras* fort cher. Joseph, tu *projettes* l'entreprise que nous projetâmes; mes cousins l'*avaient* déjà projetée. Cesse donc de t'amuser, mon cher ami,

189e. — Je tue les étourneaux que tu tiras hier et que tu manquas ; *tues*-en d'autres. Il faut que je *croie* sincèrement à ta bonne foi pour que je te confie mes secrets, que je ne confierais à personne. Confis ces belles prunes, je confirai ces amandes. Paul, tu redis toujours les mêmes choses ; *apprends* que tu nous *ennuies.* Les tours *grammaticaux* que tu employas dans ta composition, me *paraissent banals. Envoie*-moi ton fils ; si tu ne me l'envoies pas, il faudra que je t'envoie le mien.

190e. — Cet homme se revêt du manteau de l'hypocrisie ; il se *résout* à la mort cruelle que lui infligea la justice humaine. Je puis te nuire ; ton frère le peut aussi, mais il ne le fera pas. Pourquoi *lies*-tu si mal les *paquets* que tu m'envoies? Je les relie tous. *Lis* ton livre ; je relis ma grammaire française. Ne nie jamais la vérité, souviens-toi que tu paraîtras devant Dieu qui te *jugera* selon tes bonnes ou tes mauvaises œuvres. Cette femme *s'est* perdue ici.

191e. — La victoire se *balançait* entre ces deux *généraux*, lorsqu'une légion valeureuse s'*élança* sur l'ennemi et *enfonça* son aile droite. Ne nous affligeons pas des maux que la Providence nous envoie. Je vais a la chasse aux perdreaux, vas-y aussi. Ces hommes libéraux ne *prévoient* pas les chagrins qu'ils se *créent.* Prends garde, ma fille ; car dans les roses *fleuries* que tu cueilleras, il se trouve des épines qui *pourraient* te causer de vives douleurs.

192e. — Nous nous vêtons modestement ; vêtez-vous de même. *Saisis* ces moineaux, de peur qu'ils ne s'*enfuient.* Son action basse et grossière decele une âme corrompue et vile. Fais ton devoir, ne crains pas ce que peuvent dire les méchants. Dis *bonjour* à Louise, souris-lui ; tu verras qu'elle sera contente. Les paresseux s'*acquièrent* des reproches ; acquiers-toi des éloges *mérités.* Les bons *maîtres corrigent* les élèves quand ils le *méritent.* Jules et Louis *travaillent* mal aujourd'hui.

193e. — Un père disait à son lit de mort : « Il faut que je meure, je le sais ; mais auparavant, il faut que je *voie* mes enfants, que je les *embrasse* et que je leur donne ma bénédiction paternelle. » Nos bourreaux nous garrottèrent dans la crainte que nous ne nous *enfuyions.* Mon fils, je ne veux pas que tu te prevales des connaissances positives que tu acquiers ; si tu es homme, il ne te sied pas de mépriser tes semblables. Vous et votre frère *étiez* absents.

194e. — La grâce de J.-C. renouvelle l'homme. Il plut hier, je crois qu'il ne pleuvra pas aujourd'hui. Je résoudrai les questions que tu me proposas ; *résous* celles-ci qui sont moins ardues. Jamais les méchants ne prévaudraient sur les justes, si tous les hommes pensaient sainement. Ne me contredisez pas, car je *hais* tous ceux qui se *plaisent* à contredire tout le monde. Quand je vois de *pareilles* gens, je *conclus* que, ne pouvant rien dire de bien, ils se targuent de mépriser tout ce que *disent* leurs amis.

195e. — Si tu *hantes* les enfants moraux et *matinals*, tu acquerras l'estime des hommes *impartiaux* et *loyaux*. J'espère que tu *suivras* toujours une *pareille* conduite. Vainquons nos passions, et nous *vivrons* heureux. Nous nivellerons cette terre végétale et tourbeuse que tu nivelas; pourquoi l'*as-tu* si mal *nivelée?* Nous *voyageâmes* dans les pays méridionaux et nous en rapportâmes des plantes médicinales. Les hommes *mourront* la plupart comme ils auront vécu, avec leurs bonnes ou leurs mauvaises habitudes.

196e. — A *cette* époque, les amandiers *fleurissaient* en mars. Je m'*aperçois* que cette voix plaintive est très-*caduque*. Eugène, combats à côté de ton frère, *suis* son exemple. J'agrée cette belle proposition; je *crois* que tu l'agréeras aussi. Ces petits bambins *jettent* des cailloux aux *moineaux* qu'*ils* voient voler. Il faudra que j'aille à Beauvais; je prendrai un *jour* où je prévoirai qu'il ne pleuvra pas. *Vois*, pauvre étourdi, tous les maux que tu te crées. Tu *maugrées* de ce que tes camarades ne *viennent* plus jouer avec toi.

197e. — Je crois qu'il faut que tes amis *prennent* des précautions pour réussir; *ils* le *comprennent* eux-mêmes. Je *songeai* cette nuit que je nageais dans une rivière profonde. Je t'*envoie* mon fils pour que tu l'*instruises*; aies-en soin. N'*émets* pas d'opinions *erronées*; ne te *prévaux* pas de tes aïeuls. *Exclus* de ta société les personnes calomniatrices. Je vous écris, afin que vous *suppliiez* ma cousine de venir assister à nos offices patronals, et que vous vouliez bien lui faire oublier les reproches *amicals* que je lui fis dernièrement.

198e. — On ne délie pas les liens conjugaux. Tu me fais rire avec les phrases *brèves* et mystérieuses. Nous vous engageons à *fuir* les impies comme des *pestes publiques*. Les factieux *soudoient* les hommes déloyaux; mais nos soldats *déploieront* leur valeur accoutumée. Liez bien les gerbes de pamelle, afin que nous ne les reliions pas. Ces chiens hargneux *aboieraient* beaucoup plus fort, si vous vous effrayiez. Le chagrin et la joie se *succèdent*. Toi et ta sœur *serez* punis (ou mieux : *vous serez punis*).

199e. — Quoique tes cousins t'*aient* manqué, ne leur en *veux* pas. Je *copierai* ces exercices *grammaticaux*; tu les *copieras* aussi. Sois brave, meurs s'il le faut, mais *vaincs*. *Réduis* tes ennemis au silence, ris de leurs quolibets *banals*. Ne dis jamais que ce que tu sais avec certitude. Ces oiseaux *crient* dans la nuit obscure; ils *effraient* les personnes *peureuses*. Je pressens que le bon lot t'*écherra*; es-tu de mon avis? Trais la vache *noire*, je trairai la vache grise. Mon fils, *plie* plutôt, mais ne *romps* pas.

200°. — *Emouds* les couteaux, tandis que je coudrai mes bas. Plus tard, on *déblaiera* les terreaux que l'on *amoncelle* sur les chemins vicinaux; du moins ce sont les *vœux* des *conseillers* municipaux. Je te *relèverai* si tu *chancelles* dans ta route tortueuse. Nous *aliènerons* nos héritages ruraux. Je vous *léguerai*, mon fils, une richesse bien plus précieuse que celles qu'on *lègue* aujourd'hui. La passion des jeux *altère* les bonnes mœurs. Ma fille et moi *avons* tressailli (ou mieux : *nous avons tressailli*).

201°. — Je *louerai* de beaux chevaux; tu les attelleras à ma petite voiture couverte. *Accentue* les mots que tu *écris*; orthographie-les bien. Mon ami, parcours les vastes prairies *émaillées* de fleurs qui *ceignent* Amiens; étudie les végétaux qui y *croissent*; côtoie les brillantes vallées qu'arrosent les eaux limpides et *bienfaisantes* qui *viennent* se jeter dans la Somme. Joseph et Marie *étaient* justes et vertueux. Votre fils et vous *fûtes* délivrés comme par miracle (ou mieux : *vous fûtes*, etc.).

202°. — Ces commis *achèveront* leurs travails (rapports) avec le préfet, avant qu'ils *aillent* voir les débuts *théâtrals* de nos nouvelles actrices. Tu iras *chercher* ta cousine; tu l'amèneras ici, tu lui feras voir tes petits *agneaux*, les *joujoux* et tes robes neuves. Eloi, tu te justifieras auprès de tes juges *impartiaux*. Les maréchaux se *servent* de travails pour *ferrer* les chevaux fougueux. Auguste, je te renverrai les madrigaux et les *couteaux* que tu m'*adressas*. Tu n'as plus de tabac, *vas-en chercher*.

203°. — Je vais tous les dimanches à la messe paroissiale, vas-y aussi. Nos troupes valeureuses *assailliront* ces châteaux-forts; elles les prendront. *Cette* marmite bout; éteins le feu, elle ne bouillira plus. Ces collatéraux recueilleront la fortune colossale de leurs vieilles tantes. L'homme qui sait dompter *ses* passions, s'*acquiert* un mérite infini aux yeux de Dieu. J'*accours* de peur que vous ne vous *ennuyiez*. Va *trouver* ma sœur. Emile et Anaïs *travaillent* bien.

204°. — Je vêtirai ma robe violette lorsque tu viendras, et je la dévêtirai quand tu t'en iras. C'est au printemps que les arbres se *revêtent* de feuilles vertes, à moins qu'il ne vienne des gelées blanches. Je cueille des tulipes *fleuries*, cueilles-en aussi. Voilà des prunes, offres-en à ta sœur. *Sors*, mon fils, viens avec moi, fuis leurs armes meurtrières. Vêts-toi : tiens, voilà ton gilet. La gelée et la pluie *ont détruit* nos récoltes. Voici nos livres, et voilà les *leurs*.

205°. — Je parcourrai les vaux, les *côteaux*. Je *bous d'ac-quérir* de nouvelles connaissances. Nous admirâmes de beaux cierges *pascals*. Nous vous envoyions des rameaux *bénits* lorsque vous nous priiez d'*aller* vous voir. Nous verrons bientôt comment vous saurez vos leçons. Dans la plupart des jeux, le prix *échoit* aux plus adroits. Je ne m'assiérai pas ici. Pourquoi ne vous asseyez-vous pas? Cette nouvelle pièce ne vaudra rien. La Seine et la Loire *coulent* en France.

206e. — Tu ne mouvras pas *cette* lourde *pierre*. Tu veux *imiter* ton cousin, mais tu ne pourras y *parvenir*. Les beaux discours *émeuvent* les auditeurs; mais il faut que l'orateur *sache se* plier aux circonstances. Nous *pourvoirons* à tout, et tu verras que tu réussiras. Ne vous mouvez pas. *Es*-tu homme? *Réponds*-moi. *Cette* forte maison *décherra* bientôt de son ancienne renommée. Sem, Cham et Japhet *étaient* les enfants de Noé. L'orme et le peuplier s'*élèvent* fort haut.

207e. — Mon billet écherra à la Saint-Jean prochaine. Pour que tu puisses faire ta pièce, tu dois te *lever* matin. A *ces* mots, il s'assied, et sachant que je suis un homme d'honneur, il me raconte son histoire. Ces enfants ne *suivent* pas l'exemple de leur père; ils se perdront infailliblement. Résous cette question et *absous* tes camarades. Les blés que *ce* moulin moud, ne *donnent* pas une farine blanche. Tu crois que cet arbre ne *croît* plus, tu *es* dans l'erreur.

208e. — Les petits poulets *éclôront* dans *quelques* jours. Mon frère, *écris*-moi souvent, car je m'ennuie. *Apprends*-moi si Jules et Henri sont *nommés* instituteurs communaux. Mes amis, ne *faites* ni ne *dites* aux autres ce que vous ne voudriez pas qu'ils vous fissent ni qu'ils vous disent à vous-mêmes. *Ces* joueurs déloyaux se *méprennent* à chaque instant. Celui qui rit de son prochain, mérite qu'on rie de lui. Les chênes *poussent* lentement. Mon pere et nous *étions* indisposés (ou mieux: *nous étions indisposés*).

209e. — Ces enfants comprennent les conseils que leur *donnent* leurs maîtres. Si nous croyions que ces criminels *se* fissent une loi de ne plus *tuer*, qu'ils voulussent se soumettre aux lois, nous *leur* ferions grâce. Vous nous donnâtes ces deux sommes, afin que nous *soustrayions* la première de la seconde. Je te *convaincs* et je te convaincrai que le coupable n'*est* pas heureux. Souris, si tu *veux*, de leurs contes *banals*, mais ne te permets pas de les *redire*.

210e. — Ce que l'on dit, fuit; ce que l'on écrit, reste. Je *vaincs* mes rivaux, *vaincs* les lions. L'étude de la langue française nous *importe* beaucoup; si nous la négligeons, des désagréments sérieux en *résultent* pour nous dans l'avenir. Il *neigea* toute la soirée. Une foule de malheureux gisaient sur la paille *pourrie*, *infecte*. Les corniches de cette façade *saillent* trop. La plupart de ces victimes innocentes étaient *issues* de familles nobles. La violette et la rose *embaument* votre jardin.

211e. — Pourquoi ne secourûtes-vous pas *ces* voyageurs qui défaillaient à vos yeux? Ci-gisent mes deux bonnes sœurs. Ces hommes se départent de leurs prétentions exagérées. Mes amis, répartissez cette somme entre les familles les plus nécessiteuses. Repartez au plus vite à votre poste. J'espère que tu ne nous abandonneras pas au besoin; cependant tu faux souvent en voyage; tes aïeux *faillaient* aussi. Lorsque je vis ta vieille cousine, je m'aperçus que *ses* forces *faillaient* sensiblement.

212e. — Le sang *saillissait* de sa blessure avec impétuosité. Les tribunaux de première instance *ressortissent* à leurs cours impériales respectives Vous sortez et vous rentrez à tous moments. J'*entends* que cette clause sortisse ou ait son plein effet. *Accours* le plus tôt que tu pourras, et *enquiers*-toi de la cousine. Ma chère fille, endors-toi dans *mes* bras. La paix et le bonheur *fuient* souvent la fortune. Vous et votre compagne ne *venez* jamais ici (ou mieux : *vous ne venez*, etc.).

213e. — Prends garde de choir dans cette mare *infecte* et bourbeuse. Veux donc, malheureux! et tu te sauveras. Ces manières hautaines et insolentes ne vous *siéent pas*. Une conduite légère messied à *tout* le monde. Les vagues de la mer en furie *bruissaient* d'une manière effrayante. Les vents *déchaînés* bruissent dans les épaisses forêts. De la déposition des témoins, il appert que l'accusé n'est pas *coupable*. *Ecoute* et retiens mes explications. Narbal et moi *admirions* la bonté de Dieu (ou mieux : *nous admirions*, etc.).

214e. — La justice surseoira à l'exécution du jugement. J'ouïs des menaces infernales qui ne m'effrayèrent point. La plupart des fleurs *éclosent* au printemps. Autrefois on *oignait* les athlètes pour la lutte. Je partirai dès que les premières lueurs du jour poindront. Ces deux ruisseaux *sourdent* des Vosges. Nos troupeaux *paîtront* dans ces contrées fraîches et délicieuses. Même dispute advint entre ces deux femmes, revendeuses sur le Marché-aux-Herbes.

215e. — Si l'on t'*envoie* chercher, vas-y de suite, car on enverrait une seconde fois. Si l'ennemi assaillait *notre* armée, nous mourrions plutôt que de *fuir*. En revêtant les pauvres, vous *leur* rendrez service. Je veux savoir si tes chevaux sont aussi *bons* que tu le *dis*. Un jeune enfant dans l'eau se laissa *choir*. Dieu sait bien *ce* qu'il fait. *Cet* homme *a* disparu tout-à-coup. Le bien et le mal *sont opposés*. Ma sœur et moi leur *écrirons* la semaine prochaine (ou mieux : *nous leur écrirons*, etc.).

DU PARTICIPE.

Le Participe présent.

(Gramm. Nos. 227 a 232.)

216e. — Des bruits *alarmants.* Des bruits alarmant les esprits. Des enfants *caressants.* Des enfants caressant leur mère. Des paroles offensant la pudeur. Des paroles *offensantes.* Une porte battant contre le mur. Une porte *battante.* Une posture *suppliante.* Des esclaves suppliant leurs maîtres. Des propos *diffamants.* Des propos diffamant la vertu.

217e. — Des eaux *dissolvantes.* Des eaux dissolvant le fer. Une farce *divertissante.* Une farce divertissant les spectateurs. Une jeune fille *éblouissante* de blancheur. Une lumière éblouissant la vue. Une boisson *échauffante.* Une boisson échauffant la poitrine. Des discours *edifiants.* Des discours édifiant les auditeurs.

218e. — Des menaces *effrayantes.* Des menaces effrayant les gens timides. La qualité *endormante* de l'opium. Des discours endormant les auditeurs. Une personne peu *endurante.* Une personne endurant des affronts. Des liqueurs *enivrantes.* Des liqueurs enivrant les buveurs. Des filles *aimantes.* Des filles aimant leurs parents.

219e. — Les feux tropicaux brûlant nos campagnes, sont des feux bien *brûlants.* Votre sœur est une personne *accommodante;* nous la voyons toujours empressée et accommodant les affaires les plus épineuses. Elle inspire le plus tendre intérêt: on la voit si *souffrante,* si *prévenante,* si *touchante* et si peu *tourmentante.*

220e. — Cette réflexion, embarrassant notre homme, le rendit pensif. C'est une question *embarrassante* pour un élève. Toutes sont donc de même trempe, mais agissant diversement. Eléonore et Lucie sont des personnes peu *agissantes.* Les Français prirent des vaisseaux appartenant aux Anglais. Un bois avec les terres *appartenantes.*

221e. — Je croyais voir des vipères rampant autour de moi. Ces hommes sont aussi *rampants* qu'ils ont été hautains. Les plantes sont devenues pour moi créatures *vivantes.* Ces peuples, vivant au milieu des bois, sont à demi-sauvages. Nous vîmes nos voyageurs approchant du sommet de la montagne. Voilà une étoffe *approchante* de la nôtre.

222e. — Il obtint la main de cette fille, *descendante* d'un père illustre. Les Maures, descendant de leurs montagnes, ravagèrent l'Afrique. Ces spheres, roulant dans l'espace, semblent y ralentir leur cours. Les chars *roulants* gémissent sous leurs verts fardeaux. Cette femme *indépendante* sait bien se respecter. Une femme, dépendant d'un mari, ne peut contracter sans son autorisation.

223ᵉ. — On voit la tendre rosée dégouttant des feuilles. Il cueille ces feuilles noires et *dégoûtantes*. Vois la sueur ruisselant sur son visage. Vois sa figure *ruisselante* de sueur. On y mit des cordages pendant jusqu'à terre. Que font là tes bras *pendants* à tes côtés? Ces pauvres femmes allaient pleurant, gémissant. Elles emportaient dans leurs bras leurs enfants *suppliants*.

224ᵉ. — Ma sœur était *pleurante*, inconsolable. Nous entendîmes les bombes éclatant avec fracas. Vois-tu la belle Zélie *éclatante* d'attraits? On voyait les cidres bouillant dans les cuves. *Bouillants* d'impatience, nos héros brûlent de se montrer. Ces lettres circulant dans la ville, ternirent la réputation de ce magistrat. La France était d'un sixième plus riche en espèces *circulantes*.

225ᵉ. — Vous vîtes les bergers et les bergères dansant sous les ormeaux. On peignait les Grâces *dansantes*, et se tenant par la main. Connais-tu les *tenants* de cette propriété? Voilà une personne existant aux dépens d'autrui. Les savants se trompent en croyant la matière *existante* par elle-même. Ces hommes sont de vrais *croyants*. Les périls menaçant de nous atteindre, s'évanouirent bientôt.

226ᵉ. — Son accueil était dur, ses paroles *menaçantes*. C'est une race *pensante*, avide de connaître. C'est une personne pensant d'une manière judicieuse. Les pampres *voltigeants* s'unissent au lierre. Les ris, voltigeant dans les airs, écartent la foule profane. Entendez-vous la foudre grondant sur nos têtes? Le commerce a ses ports contre les vents *grondants*.

227ᵉ. — Nous rencontrâmes des dandys fumant dans la rue. Ils avaient les cheveux *fumants* de sueur. Ayez pitié des misères qui accablent les hommes vivant dans le monde. Ces deux garçons sont les *vivants* portraits de leur mère. On voit des jeunes gens veillant la nuit et dormant le jour. C'est une eau *courante*. Ce sont des châssis *dormants*. Je vis ces hommes buvant à table. Les cabarets sont pleins de chantres *buvants*.

228ᵉ. — On entendait des clameurs retentissant par intervalles. Des paroles *retentissantes*. Voyez ces ombres *fuyantes*, dans ces jolis tableaux. Les chiens poursuivent les bêtes fauves fuyant à travers les bois. Une eau blanchissant le teint. La rive au loin *blanchissante* d'écume. Dans vos tableaux, rendez *vivants* et *parlants*, les personnages que vous peignez.

Du Participe passé.

229e. — Une femme respectée, aimée et honorée. Des hommes instruits et considérés. Que de remparts détruits! Que de villes forcées! Les ennemis vaincus. Les robes faites. Les occupations interrompues. Les portes ouvertes. Ces institutions ont été recréées. Vos excuses sont agréées. Leurs baux étaient expirés.

230e. — La rose et la tulipe épanouies. Que seraient devenues tant de belles propositions? C'est à ce précepteur qu'est confiée mon éducation. Sa tête est appuyée dans ses mains, ses regards sont attachés à la terre. Aux branches du palmier sont suspendus des trophées et des armes; au tronc sont attachées sa cuirasse et son armure.

231e. — Forcés de quitter les marais et les rivières gelées, les hérons se tiennent sur les ruisseaux. Les hommes passent comme les fleurs qui, épanouies le matin, le soir sont flétries et foulées aux pieds. Au bas de la côte est située sa cabane. Que de vieilles coutumes ont été abolies!

232e. — Quand il vit l'urne où étaient renfermées les cendres chéries de son frère, il pleura amèrement. La justice et l'humanité ont toujours été honorées par les nations les moins civilisées. C'est là que seront entendues, comprises et jugées les moindres pensées. L'Espagne est presque toujours déchirée par des guerres intestines, soutenues par l'ambition.

233e. — Les Thuringiens battus, leurs moissons pillées et leurs maisons réduites en cendres : tels furent les actes auxquels se livrèrent les Saxons. L'armée russe étant dispersée, son camp pillé, ses bagages enlevés, ses munitions prises, les Français sont restés triomphants. Convaincus de leur infériorité, les ennemis se retirèrent. Où sont les glaives suspendus qui doivent frapper les criminels? Saisie de frayeur, Rose est tombée faible.

234e. — Ces peuples, autrefois craints et respectés de leurs voisins, instruits dans toutes les sciences connues, estimés des nations éloignées, n'ont plus la réputation méritée dont ils jouissaient alors. Que de batailles gagnées, que de provinces conquises! Cette romance, chantée avec accompagnement, fut applaudie et admirée. C'est des Grecs et des Romains que nous sont venues les lumières.

PARTICIPE PASSÉ ACCOMPAGNE DU VERBE AVOIR.

(Gramm. N°s. 236 a 240.)

235°. — La romance que ta sœur a chantée, est celle dont tu m'as parlé. Les nombreux ennemis que Charles-Martel a battus, les bataillons epais qu'il a écrasés, les armées aguerries qu'il a detruites, les dangers qu'il a bravés, les difficultés qu'il a vaincues, tout démontre en lui un génie qui grandissait avec les obstacles.

236°. — J'ai vu vos cousines, je leur ai demandé des nouvelles de leur voyage. Elles m'ont dit qu'elles avaient essuyé des fatigues, mais éprouvé des plaisirs dans les belles contrées qu'elles ont parcourues. Que de connaissances elles ont acquises! Que de justes observations elles ont faites! et quelle belle description elles ont donnée des sites pittoresques qui ont frappé leur imagination!

237°. — Mes chers amis, nous vous avons écrit, et vous ne nous avez pas répondu. Léopold et Léon ont chassé; ils ont tué plusieurs perdreaux, qu'ils nous ont envoyés. Que de familles n'a-t-il pas consolées! Les graines de fleurs que j'ai semées dans mon jardin, n'ont pas levé.

238°. — Les secrets que j'avais confiés à mon frère, ont transpiré dans le public. Ainsi ont raisonné des hommes que des siècles de fanatisme avaient rendus puissants. Dieu nous a faits justes. Le long usage des plaisirs les leur a rendus inutiles. La fortune qu'a laissée ce bon vieillard, et qu'ont héritée ses collatéraux, était immense.

239°. — Que de pleurs j'ai versés dans les longues nuits que j'ai passées sans fermer la paupiere! Le jeu et la danse que votre fille a toujours aimés, ont beaucoup nui aux progrès qu'elle aurait faits dans l'étude des sciences qu'on lui a enseignées. Les brebis ont bêlé; les chiens ont aboyé, et les chevaux ont henni.

240°. — Le mérite de son style tient aux progrès qu'a faits la société en France. Où sont les fleurs que vous a offertes votre frère? Voilà les arbres qu'a frappés la foudre. Cette femme avait deux filles; elle les a faites religieuses. Ces soldats arrivèrent par des chemins qu'on avait crus impraticables jusqu'ici.

241°. — Que d'illustres conquérants que personne n'a célébrés! On les a plaints de n'avoir eu ni peintres ni poètes. Autant de lois ils ont faites, autant de sources de prospérités ils ont ouvertes. La froideur que nous avaient témoignée nos cousines, a déconcerté nos vues. Elle a lu attentivement.

DE LA PRÉPOSITION.

(Gramm. Nos. 240 a 245.)

242e. — A mon âge, vous réfléchirez. Nous travaillons *pour* vous. Ces hommes ont beaucoup *d'*esprit. Tout change *avec* le temps. Ecrivez les injures *sur* le sable et les bienfaits *sur* l'airain. L'homme peut choisir *entre* le vice et la vertu. L'ennui est entré *dans* le monde *par* la paresse. *A force de* forger, on devient forgeron. Nous sommes tous *sous* les yeux *de* Dieu. Je vous ai connu *dès* votre enfance. Cette femme est bien *près de* la mort. Qu'est la mémoire *sans* l'intelligence ?

243e. — Il faut être respectueux *envers* ses supérieurs et se conduire *selon* la loi divine. J'irai bientôt *chez* vous ; j'y pense *depuis* plusieurs jours. Le génie et la vertu marchent *à travers* les obstacles. *En* été, les feuilles des arbres nous protégent *contre* la chaleur. La terre tourne *sur* elle-même et *autour du* soleil. Ce n'est point *parmi* les grands que se trouve la félicité. La conscience nous avertit *avant de* nous punir. L'aiguille aimantée se tourne *vers* le nord. Tout est perdu, *hormis* l'honneur.

DE L'ADVERBE.

(Gramm. Nos. 245 a 250.)

244e. — Dieu est *souverainement* bon. Il faut *toujours* agir avec franchise. Nous irons *demain* chez vous. *Tout-à-coup* un bruit se fit entendre *au loin*. Il vaut *mieux* se taire que de parler *mal-à-propos*. Protégez *hautement* la vertu malheureuse. Anaïs court *beaucoup* et travaille *peu*. Mon ami, employez *bien* votre temps, et *ne* manquez *pas* à vos promesses. Nous devons honorer la science *partout où* elle se trouve. Votre mère a *plus* d'expérience que vous. Les graines furent disséminées *çà et là*. Les vrais amis sont *fort* rares.

245e. — *Aujourd'hui* vous avez *mieux* travaillé qu'*hier*. La foudre tombe *souvent* sur les hauts édifices ou sur les grands arbres. L'ambition *n'*est *jamais* satisfaite. Venez *ici*, j'irai *là*. *Auparavant*, rangez vos affaires, qui se trouvent *pêle-mêle* et *sens dessus dessous*. Mon enfant est *très*-studieux, il est *aussi* *fort* modeste ; vous le verrez *bientôt*. *Enfin* nous voilà arrivés. Travaillez *d'abord*, vous jouerez *ensuite*. *Rarement* un valet dit du bien de son maître. Ne parle ni *trop bas* ni *trop haut*, et réponds *poliment désormais*.

DE LA CONJONCTION.

(Gramm. Nos. 256 a 262.)

246e. — Fais l'aumône aux pauvres *puisque* tu le peux. Je pense ; *donc* Dieu existe ; *car* la pensée chez l'homme prouve l'existence de Dieu. Il y a trois personnes divines, *savoir* : le Père, le Fils et le Saint-Esprit. *Quand* on connaît sa faute, on manque doublement. La prosperité, *de même que* l'infortune, éprouve le caractere. Un ami véritable est comme un autre soi-même. Le fer est plus utile *que* l'or. Evitez l'oisiveté, *parce qu'*elle est la mere de tous les vices. Les oiseaux du ciel ne sèment *ni* ne moissonnent.

247e. — J'ignore *si* vous travaillez ici. Le vent est froid *ou* chaud, *selon qu'*il vient du nord *ou* du sud. Elles sont riches *mais* avares. *Lorsqu'*on est jeune, on manque souvent d'expérience. Votre père est bon : *ainsi* ayez confiance en lui. Messieurs, *quoique* vous soyez instruits, soyez modestes. L'amitié est détruite *dès que* l'estime est perdue. Je l'ai bien élevé ; *cependant* il m'abandonne. La fortune, *soit* bonne, *soit* mauvaise, ne put jamais l'abattre. *Pendant que* Samson dormait, Dalila lui coupa les cheveux. Il faut étudier pour s'instruire ; *toutefois* l'esprit a besoin de repos.

DE L'INTERJECTION.

(Gramm. Nos. 262 a 267.)

248e. — *Oh!* qu'il est cruel de vivre sans espoir! *Hélas!* nous sommes tous malades ici. *Eh!* qui n'a pas pleuré quelque perte cruelle? *O* cendres d'un enfant chéri! que vais-je devenir? *Fi donc!* cela est inconvenant. *Chut!* taisez-vous. *Holà!* qui frappe ici? *Ah!* que la vertu a de charmes! *Hé bien!* vous ne répondez pas. *Aïe!* je souffre la mort. *Silence!* mon ami, on doit se taire en classe. *Ha!* vous voilà! *Hé!* jeune homme, venez-vous pour me faire de la peine? *Allons!* de la bonne volonté.

SECONDE PARTIE.

DU NOM.

Des Noms à double genre.

(Gramm. Nos. 267 à 283.)

249e. — Ces enfants sont de *bons* aides de cuisine. Votre tante est *une aide assurée* pour les pauvres. Que de victoires n'ont pas remportées les aigles *impériales!* Les aigles *romaines* étaient d'or ou d'argent. *Cet* aigle *noir* a un vol bien hardi. M. X*** est *un* aigle en finances.

250e. — Dieu fait un précepte de l'amour *filial;* il n'en fait point de l'amour *paternel.* Les plantes ont aussi des amours *orageuses.* Des amours *insensées* perdirent ce jeune poete. C'est *un* bien *grand* délice que de contribuer au bonheur des autres. L'amour *divin* est la source des vertus.

251e. — *Une* couple de pigeons ne sont pas suffisants pour le dîner de six personnes. Mes enfants font mes plus *chères* délices. *Un* couple de pigeons suffit pour peupler une voliere. Il a mangé *une* couple d'œufs à son déjeûner. Voilà un couple bien assorti. *Cet* orgue est *harmonieux.* Ces orgues sont *harmonieuses.*

252e. — Rosa est *une charmante* enfant très-*compatissante.* Nos chantres ont chanté des hymnes bien *mesurées.* Suivez les *bons* exemples que vous ont *donnés* vos parents. Ce poète a composé *un bel* hymne en l'honneur du héros. L'aigle femelle est *furieuse* quand on lui ravit ses aiglons.

253e. — Les soldats chantaient en chœur *un* hymne *national.* Imitez les beaux (ou les belles) exemples d'écriture cursive de vos maîtres. Nous avons admiré *le premier, le second* œuvre de Rossini, de Gretry. Il avait avec lui trois de ses gardes, bien *déterminés* à le défendre. L'office a été *long* aujourd'hui.

254e. — Nous avons récolté cette année des orges très-*grandes.* On offrit à la princesse *une* garde d'honneur. Voilà de *fines* gens, d'*heureuses* gens. Les gens *paresseux* passent leur vie comme les animaux. Les jeunes gens sont *légers.* Les gens fourbes ne sont pas *crus. Tous* les gens, ou du moins *tous* les honnêtes gens agiraient ainsi.

255e. — Les *vieilles* gens sont *soupçonneux.* J'ai lu les œuvres *choisies* de Racine. C'est *une bonne* œuvre de soulager son prochain. J'irai vous voir à Pâques *fleuries.* Nous avons de l'orge *mondé,* de l'orge *perlé.* Tout fidèle doit faire de *bonnes* pâques. *La* foudre sillonne les nues.

256°. — Les *premières* orgues que l'on a vues en France, furent *apportées* par les ambassadeurs de Constantin Copronyme, qui les ont *offertes* au roi Pépin. Pâque sera *tardif* cette année. Je vous assure que personne n'est plus *courageux* que lui. Cette personne est bien *méchante*.

257°. — Le soleil fait *sa* période en trois cent soixante-cinq jours et près de six heures. Nous avons vu bien des sots; mais aussi nous avons rencontré des personnes *instruites*. La fièvre quarte et toutes les autres fièvres intermittentes ont leurs périodes *réglées*. *Cette* office est *spacieuse* et bien *meublée*.

258°. — Charles-Quint, respirant à peine au fond de son cercueil, n'entendait que l'office des morts lentement *psalmodié*. Les prières ferventes apaisent Dieu et lui arrachent *la* foudre des mains. Comment ! des animaux qui tremblent devant moi ! Je suis donc *un* foudre de guerre ?

Du Nombre dans quelques Noms.

(Gramm. N°s. 283 a 287.)

259°. — Les deux *Rousseau* se sont illustrés par leurs ouvrages. Les *Néron* et les *Robespierre* ont été des monstres à face humaine. Les trois *Dupin* sont nés en France. Tous les généraux ne sont pas des Césars, des Scipions ou des Napoléons.

260°. — Les *Racine*, les *Corneille* et les *Voltaire* ont été les Sophocles, les Euripides et les Eschyles de leur siecle. L'intérêt fait naître des Caïns. La France a eu ses Catons, ses Pompées, ses Homeres. Les deux *Senèque* sont nés en Espagne.

261°. — Avec vos *car*, vos *si*, vos *on dit*, vos *pourquoi*, vous avez le talent de nous ennuyer. Les *quand*, les *qui*, les *quoi* pleuvent de tous côtés. Plusieurs *peu* font un beaucoup. On chantait des *Te Deum* après toutes les victoires. Ecrivez deux *zéros* à la suite du nombre.

262°. — Des femmes du peuple récitaient des *Pater*, des *Ave* et des *Credo*. Votre fortune ne suffirait pas pour combler ces *déficits*. Les *opéras* de Boyeldieu valurent des *bravos* à leur auteur. Vous oubliez toujours de lire les *post-scriptum*. Ces écoliers méritent des *pensums*.

263°. — Placez des *erratas* à la fin de vos livres. Les *trios* et les *quatuors* de ce musicien sont admirés. Bien des gens débitent des *impromptus* faits à loisir. Les concerts de ce compositeur sont remarquables par les *solos*. Nous avons vu des *quiproquos*, des *alibi* et des *aparté*.

264°. — Des *numéros*, des *alinéas*, des *jubés*, des *placets*, des *quolibets*, des *récépissés* et des *albums* prennent-ils une *s* ou non au pluriel ? On lui a fait de magnifiques funérailles. Nous avons été à la messe, à *vêpres*, à *complies* et à *matines*. Cet homme a beaucoup de *bile*.

265e. — Mes amis, conservez votre *santé*. Cette perdrix se perdit dans les broussailles. Gresset est *l'un des ancêtres* de mon ami. Ce sont les *premiers* pleurs qui coulent de ses yeux. La paresse donne entrée à tous les vices. L'or est le plus précieux de tous les métaux.

Des Noms composés.

(Gramm. Nos. 287 a 296.)

266e. — Une belle-fille, des *belles-filles*. Un ver-luisant, des *vers-luisants*. Un chou-fleur, des *choux-fleurs*. Un aide-de-camp, des *aides-de-camp*. Un arc-en-ciel, des *arcs-en-ciel*. Une grand'mère, des *grand'mères*. Une basse-cour, des *basses-cours*. Un à-compte, des *à compte*. Une avant-cour, des *avant-cours*. Un réveille-matin, des *réveille-matin*. — Des cure-dents, un *cure dents*. Des Hôtels-Dieu, un *Hôtel-Dieu*. Des tête-à-tête, un *tête-à-tête*. Des appuis-main, un *appui-main*. Les arrière-saisons, l'*arrière-saison*. Des essuie-mains, un *essuie-mains*. Des pour-boire, un *pour-boire*. Des passe-partout, un *passe-partout*. Les tire-bottes, le *tire-bottes*. Les avant-propos, l'*avant-propos*.

267e. — Vos *belles-sœurs* sont parties. Les *portemanteaux* (*) sont placés. Les préfets résident aux *chefs-lieux* des départements. Les *loups-cerviers* sont des quadrupèdes du genre des chats. Les *petites-guerres* sont des exercices à feu, imitant des combats.

268e. — Les tragédies de Cinna et d'Athalie sont des *chefs-d'œuvre*. Les *arcs-en-ciel* annoncent le retour du beau temps. J'ai acheté des *cure-dents*. Donnez-moi des *essuie-mains*. Les vents sont les *avant-coureurs* des tempêtes. Où sont vos *serre-tête?*

269e. — N'oubliez pas les *pour-boire* des conducteurs. Les *contre-basses* ne sont pas d'accord. Montrez-nous vos *passeports* (*). Les sages-femmes doivent agir prudemment. Ces hommes sont des *va-nu-pieds*. Nous mangeâmes d'excellents *vol-au-vent*.

270e. — Vends-tu des *tire-bouchons* et des porte-mouchettes ? Les *vice-rois* gouvernent les *vice-royautés*. Trouverai-je des *prie-Dieu*, des *hausse-col* et des *cure-oreilles?* Les *chats-huants* et les *chauves-souris* sont de vilains animaux. De telles gens sont des *boute-feu*.

271e. — Ces chemins sont des *coupe-gorge*. Ces jeunes gens sont, les uns *hautes-tailles*, les autres *basses-tailles*, ceux-ci *hautes-contre*, ceux-là *basses-contre*. Les *gardes-champêtres* rédigent des procès-verbaux. On voit peu de *cerfs-volants*.

(*) L'Académie écrit maintenant *passeports, portemanteaux*... en un seul mot.

272e. — Savez-vous faire des *bouts-rimés*? Ces *contre-seings* sont élégants. J'ai vu des *hauts-bords*, des *abat-jour* et des *appuis-main*. Les *choux-fleurs* sont de bons légumes. Ces hommes sont des *gagne-petit*. Les pistolets sont d'excellents *porte-respect*.

Des Noms collectifs.

(Gramm. Nos. 296 a 299.)

273e. — Cette société de savants *a illustré* la patrie. La plupart des hommes se *donnent* beaucoup de peine, et ne *jouissent* pas de la vie. Nombre de personnes *sont mortes* de faim cette année. Une foule de barbares *attaquèrent* l'empire romain.

274e. — Une infinité d'étoiles *sont invisibles*. Il tomba une nuée de sauterelles qui *désolèrent* le pays. Cette secte de philosophes *a pensé* ainsi. Ce peuple d'ignorants *commet* bien des fautes. Trop de jeunes gens *négligent* les mathématiques.

275e. — Peu de Français *connaissent* l'histoire de leur pays. Beaucoup de poètes *ont célébré* la fourmi. La totalité des pays d'Afrique n'*est* pas encore *explorée*. Seigneur, tant de bontés *ont* droit de me confondre. Une foule de canaux *coupent* l'Égypte.

276e. — Un nombre infini d'oiseaux *faisaient* résonner ces bocages de leurs doux chants. Une multitude d'animaux placés dans cette belle retraite par la main du Créateur, y *répandent* l'enchantement et la vie. Trop *aiment* le jeu parmi vous, mes enfants.

DE L'ARTICLE.

(Gramm. Nos. 299 a 304.)

277e. — Le torrent entraîne, par sa rapidité, les moissons, *les* granges, *les* étables et *les* troupeaux. Cueillez les bons et les mauvais fruits. Le simple et *sublime* La Fontaine est immortel. La bonté et la puissance de Dieu sont infinies. J'ai lu *le* quatorzième et *le* quinzième *siècle* de Voltaire.

278e. — Ils connaissent peu de personnes ici. Je reconnais beaucoup *des* filles que vous m'avez montrées. Donnez-moi du vin, mon ami; mais ne me donnez pas *de* gâteau. Mon enfant, ta naissance t'impose de grands devoirs, et la religion te donne *de* beaux exemples à suivre.

279e. — Nous mangeons *de* bon pain, et nous buvons *de* bon cidre. Ne me donnez pas *de* viande, j'aime mieux ne manger que du fromage. Aucun de vous ne m'a fait *de* mal, ni ne m'a dit *d'*injures. Voilà *du* bon tabac. Buvez un coup de bière.

DE L'ADJECTIF.

Accord des Adjectifs qualificatifs.

(Gramm. N°^s. 63 a 66, et 304 a 312.)

280e. — *Soutenu.* Auguste gouverna Rome avec un tempérament, une douceur *soutenue.*

Espagnol. Je ne connais point de roman, point de comédie *espagnole* sans combats.

Etonnant. Pour réussir dans cette affaire, il faut un courage ou une prudence *étonnante.*

Digne. Il a montré une réserve, une retenue *digne* d'éloges.

281e. — *Long.* Quand on attend, un jour, une heure, un moment *paraît* bien *long.*

Attendu. Attendu vos raisons, nous nous rendons volontiers.

Compris. Je vous vendrai mes instruments aratoires, la cariole *comprise.*

Compris. J'ai acheté toutes les terres, y *compris* la maison.

Demi. La demi-heure vaut trente minutes, chacun le sait.

282e.— *Entendu.* Vos frères *entendus,* on se retira.

Demi. Nous ferons ce travail en deux heures et *demie.*

Franc. Vous enverrez *franc de port* cette lettre à M. le Recteur.

Excepté. Tout le monde sera admis à la réunion, *excepté* cette femme.

Ci-joint. Les billets *ci-joints* proviennent de mon oncle.

283e. — Les anciens Egyptiens allaient *nu*-pieds et tête *nue.* Des événements *attendus* sont moins sensibles. On joue tous les jours, les jeudis *exceptés.* On voit les sauvages aller *nu*-pieds, *nu*-jambes et tête *nue. Ouï* les témoins, il appert que vous avez tort, et le tribunal vous condamne.

284e. — *Passé* dix heures, on n'entre plus ici. Les parties *ouïes,* la cour délibéra sur-le-champ. Une fois six heures *passées,* on fermera la porte. *Entendu* les conclusions, il en résulte qu'ils ont raison. *Supposé* ces motifs, en déduisez-vous qu'il soit dans son droit ?

285e. — *Vu* les raisons et allégations, vos frères furent renvoyés de la plainte. Leurs motifs *supposés,* ils n'en sont pas moins coupables. Vos raisons *vues* et *entendues,* vous avez gagné votre procès. *Feu* ma mère voyait souvent la *feue* reine, qui était sa protectrice.

286°. — Vous recevrez *ci-incluse*, *ci-jointe* (*) une lettre que m'a adressée votre frère. J'ai entendu sonner deux heures et plusieurs *demies* Je vous adresse une lettre *ci-jointe*, *ci-incluse* (*). Cette belle poire est trop mûre. Ces fleurs sentent *bon*. Ils marchent *vite*.

287°. — Nous vous annonçons des nouvelles sûres et certaines. Votre maison vaut dix mille francs net. On lui a coupé les cheveux trop court. Vous vous teniez ferme. Ce malheureux va les bras *nus*, les pieds *nus* et *nu*-tête. Nous avons fait baptiser ces enfants *nouveau-nés* (c. à. d. *nouvellement* nés).

288°. — Vos lettres sont maintenant *clair-semées* (c. à. d. *clairement* semées). Légère et *court-vêtue* (c. à. d. *courtement* vêtue), elle allait à grands pas. Votre frère a eu une fille *mort-née*. Vous les hachez menu comme chair à pâté. Cette femme est une véritable *franc-maçonne*. Les menteurs disent vrai quelquefois.

289°. — Henri IV fut assassiné à trois heures et demie du soir. Les demi-mesures sont funestes. Ces hommes sont *tout-puissants*. Cette fille est *sourde-muette*. Ces roses sont *fraiches-cueillies*, *fraiches-écloses*. Ces jeunes demoiselles chantent juste; elles marchent *droites* (le corps droit).

Adjectifs déterminatifs.

(Gramm Nos. 312 à 328)

290°. — Ce cheval coûte quatre cents francs, et celui-ci quatre cent quatre-vingts francs. Nous irons chercher trois cents bottes de paille et trois cents de foin, tous les *vingt* jours. On ne peut citer un roi de France qui ait vécu *quatre-vingts* ans. J'ai reçu cent douze lettres cette année.

291°. — Ma bonne femme, combien y a-t-il de *cents* d'œufs dans votre panier? Il y en a quatre *cents*. Ce brave général s'est trouvé à *six-vingts* combats. L'hospice des *Quinze-Vingts* fut fondé par Saint-Louis, roi de France.

292°. — Vous recevrez demain trois cent soixante francs ou trois cent *quatre-vingts*. Charlemagne fut couronné empereur d'Occident en l'an huit cent de notre ère. Etes-vous avancé dans votre lecture? Je suis à la page deux cent.

293°. — Ces exercices orthographiques ont été composés en l'an *mil* huit cent quarante-six. Godefroi de Bouillon amenait soixante-dix *mille* hommes de pied et douze *mille* cavaliers couverts d'une armure complète.

(*) *Ci-inclus*, *ci-joint* ne sont invariables que quand ils commencent la phrase, ou devant un nom employé sans article ou adj. déterminatif, comme dans : *Ci-inclus*, *ci-joint les pièces. On trouvera ci-inclus*, *ci-joint copie des contrats.*

294°. — Les *milles* d'Angleterre sont plus longs que les *milles* d'Italie. La Genèse compte la naissance d'Abraham de l'année deux *mille* du monde. Mon ami, comptez sur moi, je tiendrai *la* parole que je vous ai donnée.

295°. — Tout l'univers a *les* yeux sur vous. Le bain a renforcé mes jambes et fortifié ma poitrine. C'est la belle parole qu'il a toujours à *la* bouche. Paris est superbe ; les étrangers *en* admirent *les* bâtiments. La bonté, la douceur, loin de s'opposer à la gloire, *en* sont à la fois *la* base et *l*'ornement.

296°. — Quand on est dans un pays, il faut *en* suivre *l*'usage. Je ne connais aucun moyen de réussite. On n'a fait *aucunes funérailles* à ce brave officier. *Nulles troupes ne sont comparables* à *celles* de Napoléon. Nul homme n'est sans défaut.

297°. — Les Romains n'ont vaincu les Grecs que par les Grecs *mêmes*. Vous retombez toujours dans les mêmes alarmes. Les animaux, les plantes, les légumes même étaient adorés en Egypte. Loin de fréquenter les méchants, nous devons même les éviter.

298°. — *Quelques* trésors que nous possédions, nous ne sommes jamais satisfaits. *Quelle* que fût la force du lion, il se laissa vaincre par une mouche. Quelque puissants, quelque élevés que soient les rois, ils sont ce que nous sommes.

299°. — Quelque savants, quelque heureusement doués que nous soyons, nous ne devons pas en tirer vanité. *Quels* que soient vos talents, *quelles* que soient vos vertus, vous n'obtiendrez pas encore la place que vous postulez. Il est revenu depuis *quelques* jours.

300°. — *Quelques* victoires qu'ait remportées Alexandre, *quelques* lauriers qu'il ait cueillis, *quelques* nations qu'il ait soumises, je le regarde comme un des fléaux du genre humain. *Quelques* superbes distinctions qu'obtiennent les hommes, ils ont tous une même origine.

301°. — *Quels* que soient ton culte et ta patrie, dors sous ma tente avec sécurité. L'étude de l'histoire est la plus nécessaire aux hommes, *quels que soient leur âge* et la carrière à laquelle ils se destinent. Un meurtre, *quel* qu'en soit le prétexte ou l'objet, est toujours un forfait.

302°. — *Tout* grands que sont les rois, que font-ils sans la justice? *Tout* admirables, *tout* étonnantes, *toutes* nombreuses qu'étaient les qualités de Charles XII, on ne peut s'empêcher de blâmer sa témérité. Donnez-moi une *tout* autre récompense.

303°. — *Toute* autre occupation, *toute* autre place qu'un trône lui conviendrait mieux. *Tous* les talents ne sont pas égaux. *Toute* amitié n'est pas louable. *Tout* affreuses, *tout* horribles, *toutes* honteuses, *toutes* révoltantes que furent les cruautés de Tibère, elles n'égalèrent pas celles de Néron.

304e. — *Tout* parfaits que sont les sages, ils ont encore bien des défauts. *Tout* heroïque, *toute* courageuse que fut Jeanne d'Arc ; *tout* attachée, *toute* devouée qu'elle se montra à Charles VII, ce prince ne songea pas à venger sa mort.

305e. — Elle était *toute* brûlante d'amour pour la patrie. *Tout* intègres, *tout* habiles que fussent les généraux et les juges d'Athènes, l'exil était souvent leur récompense. Votre jument est *tout* en sueur. Ces femmes était *tout* yeux, *tout* oreilles. Les Français sont tout feu.

DU PRONOM.
(Gramm. Nos. 328 a 344.)

306e. — Ces enfants sont venus me trouver ; je *leur* ai appris *leurs* leçons, et je *leur* ai donné de sages conseils sur *leurs* études. Madame, êtes-vous maîtresse de cette maison? Oui, je *le* suis. Etes-vous la maîtresse de pension de ces enfants? Oui, je *la* suis. Messieurs, êtes-vous chasseurs? Non, nous ne *le* sommes pas.

307e. — Etes-vous les chasseurs africains que nous rencontrâmes hier ? Oui, nous *les* sommes. Les harmonies de la nature, si merveilleuses dans les grands objets, *le* sont encore plus dans les petits. Vos filles sont-elles mariées? Elles *le* sont. Tu es déjà mère? Non, je ne *le* suis pas encore.

308e. — On doit se corriger de ses défauts, faire un retour sur *soi*-même. Aimer le péché, c'est être ennemi de *soi*-même. La vertu est aimable de *soi*. L'homme de bien a de la pudeur, quand même il n'a que *lui* pour temoin. C'est pour vous *que* je travaille.

309e. — Chacun songe à *soi*. La colère est aveugle, ne vous y fiez pas. Promesses et serments, sot qui les tient, fou qui s'y fie. Vous avez vu ma sœur ; que pensez-vous d'elle? Ces fruits sont beaux, je veux en manger. C'est de vous *que* je parle.

310e. — Ces affaires sont graves ; j'y donnerai tous mes soins. Cet homme aime le travail ; il s'y livre avec assiduité. En epousant les intérêts d'autrui, nous ne devons pas en épouser les passions. *C'est* l'avarice et l'ambition qui troublent le monde.

311e. — *C'est* le nombre des peuples et l'abondance des aliments qui font la force d'un royaume. *Ce furent* les Phéniciens qui inventèrent l'écriture. *Ce sont* vos soins, vos affections, *c'est* vous-mêmes qu'il faut donner. *Est-ce* eux qui ont écrit cette lettre? Oui M., *ce sont* eux. *C'est* nous qui avons traité ce sujet.

312ᵉ. — *Sont-ce* les Français qui ont fait cela? *Sera-ce elles* (ou mieux : *Est-ce elles*) qui viendront avec nous? *Seraient-ce* elles qui viendraient avec nous? Le corps périt, et l'âme est immortelle; cependant on néglige *celle-ci*, et tous les soins sont pour *celui-là* *Ce n'étaient* que festins, bals et concerts. Cet homme ne voit que moi qui *m'intéresse* à lui.

313ᵉ. — Est-ce toi qui *as* parlé? Nous ne fûmes que deux qui *osâmes* élever la voix. C'est vous qui *avez écrit* cette lettre. Ce n'est pas moi qui *me ferais* prier. C'est toi qui *l'es* si bien distingué dans cette affaire, et qui *l'as* gagnée.

314ᵉ. — *C'est* nous trop souvent qui *faisons* notre malheur. Je n'aime pas *ceci*, donnez-moi *cela*. *C'est* nous qui vous *avons* élevés et qui vous *avons* instruits. Les Lapons ont un gros chat noir *auquel* ils confient leurs secrets. Voici l'arbre sur *lequel* j'ai grimpé.

315ᵉ. — Si j'avais des affaires à démêler, c'est en cet homme *que* je me confierais. Je ne vois que nous deux *qui avons* de telles plumes. Les deux rois firent chanter des Te Deum, chacun dans *son* camp respectif.

316ᵉ. — Les abeilles, dans un lieu donné, bâtissent, chacune, *leur* cellule. Athènes, Lacédémone, Milet, avaient, chacune, *leur* dialecte. Les seigneurs assemblèrent des troupes, chacun de *son* côté. Dans un cimetière, on est *égaux* après la mort.

317ᵉ. — On est *heureuse* quand on est mère, et qu'on est *adorée* de ses enfants. Ma fille, on n'est vraiment *aimée* que lorsqu'on est aimable. On est heureux en ménage, quand on est bien *unis*. On se battit en *désespérés* de part et d'autre.

318ᵉ. — *On* écoute trop souvent la calomnie, et *l'on* impose silence à la vérité. *On* doit vivre chaque jour comme si *l'on* devait mourir le soir. *On* estime la vie par-dessus tout, et *on* la prodigue comme si elle devait toujours durer. Ce *que l'on* comprend bien, s'énonce clairement.

DU VERBE.
Accord du Verbe avec son sujet.
(Gramm Nᵒˢ. 125 a 129, et 344 a 356)

319ᵉ. — Je ne *sais* où je *suis*. Tu *serais* encore employé, si tu *l'avais* voulu. Dieu *envoya* un consolateur aux hommes. Aimer est un besoin de l'âme. Nous *inventons* tous les jours de nouvelles modes. *Pratiquez* la vertu. Elles *sèment* des roses sous les pas.

320°. — Bel enfant! tu *dors* d'un sommeil paisible. O soleil! tu *es* un rayon de la gloire de Dieu. Promettre et tenir *sont* deux. Boire, jouer, manger, dormir, c'*était* leur unique occupation. Le rat et la souris *mordent*. Ma mère et toi, *vous serez* bientôt éconduits.

321°. — L'ivresse et la mollesse *abrutissent*. L'agneau et la brebis *paissent*. Sa simplicité et sa bêtise me *confondent*. J'ai gagé que cette dame et vous, *vous êtes* de mon âge. Charles et toi, *vous travaillez* maintenant au dessin. Vous et votre frère, *vous méritez* d'être accueillis.

322°. — Narbal et moi, *nous admirâmes* la bonté des dieux. Toi et nous, *nous sommes* contents de notre sort. Votre sœur et moi, *nous sommes* nés le même jour. L'airain, le marbre et l'or *frappaient* Rome éblouie. La bravoure, l'intrépidité de Turenne *étonnait* les plus braves.

323°. — *Être.* La bonté, la douceur du grand Henri, *a été célébrée* de mille louanges.

Trahir. Un seul mot, un soupir, un coup-d'œil nous *trahit*.

Faire. La faiblesse ou l'intrépidité nous *fait* commettre bien des fautes.

Avoir. C'est vous ou votre frère qui *aurez* le prix.

324°. — *Être.* Votre oncle ou le mien *serait* maire de la commune.

Venir. La douceur ou la violence en *viendrait* à bout.

Pouvoir. Le bonheur ou la témérité *ont pu* faire des héros.

Être. Le temps ou la mort *sont* nos remèdes. La force de l'âme, comme celle du corps, *est* le fruit de la tempérance.

325°. — *Avoir.* Le mérite des hommes, aussi bien que les fruits, *a sa* saison.

Durer. La beauté, ainsi que les plus belles fleurs, ne *dure* qu'un moment.

Vouloir. Rome et Carthage se *voyaient* d'un œil jaloux; l'une et l'autre *voulurent* subjuguer la Sicile.

Pouvoir. Ni la force ni la contrainte ne *peuvent* dompter le naturel du tigre.

326°. — L'un et l'autre vous *étaient parvenus*. Ce ne sera ni ma sœur ni la tienne qui sera nommée abbesse de ce couvent; ni l'une ni l'autre ne *peuvent* prétendre à cette place. Ni mon frère ni mon oncle ne sera nommé Recteur ou Préfet du département. *Ce sont* ses plaisirs et sa gloire.

327°. — Plus d'une Pénélope honora son pays. A Paris, on voit plus d'un fripon qui se *dupent* l'un l'autre. Quels sont nos premiers parents? *Ce sont* Adam et Ève (*). *Ce sont* les fanfarons qui ont le moins de courage. *Sont-ce* là les effets de votre travail? C'est sa gloire et ses plaisirs.

328e. — Ce *furent* les Phéniciens qui inventèrent la navigation. C'est la justice et la bonté de Louis XII qui l'ont rendu digne du surnom de Père du peuple. C'est vous, hypocrites, qui *préchez* la vertu, et c'est vous qui la *pratiquez* le moins. *Étaient-ce* toutes les troupes? *Seraient-ce* vos intentions? C'est à vos sollicitations que je dois ma place.

Régime ou complément des Verbes et des Adjectifs.

(Gramm Nos 356 a 362)

329e. — Le Créateur règle le mouvement des astres et y préside. Les grandes vertus se cachent et se perdent ordinairement dans la servitude. La politesse embellit ceux qui la possèdent, et leur donne des grâces. Les années instruisent les hommes, et leur apprennent à faire usage de la vie.

330e. — Ces enfants sont contents de leurs maîtres, et sont dociles à sa voix. Ma fille est portée à la lecture et en est fort avide. L'ennemi attaqua et prit notre ville. Ce général est propre au métier de la guerre et en est très-content. Le prêtre prie Dieu pour tous les fidèles.

331e. — Il faut opposer un maintien stoïque *aux propos des méchants*. Les hypocrites parent, *des dehors de la vertu*, les vices les plus honteux et les plus décriés. L'ambition, qui est prévoyante, sacrifie le présent *à l'avenir*. Croyez-vous pouvoir ramener, *par la douceur*, ces esprits égarés? Les Français attaquèrent *la ville* et s'en emparèrent. La bonne Elise est utile *a sa famille* et en est chérie. Vous avez parlé contre *votre ami* et en sa faveur. Des voitures entrent *dans la ville* et d'autres en sortent à chaque instant.

Emploi du Passé défini et du Passé indéfini.

(Gramm Nos. 362 et 363)

332e. — *Écrire, recevoir.* Mon ami, je vous *ai écrit* cette semaine, une lettre que probablement vous *avez reçue* vendredi ou samedi.

Envoyer. Vers midi, nous *avons envoyé* notre domestique vous porter une corbeille de fleurs.

Se vouer. Nous nous *vouâmes* une éternelle amitié dès que nous nous vîmes.

Répondre. J'ai reçu hier une lettre à laquelle *j'ai répondu* tout de suite.

(*) Le pronom *ce* veut aussi le verbe *être* au pluriel devant plusieurs noms singuliers, quand ce pronom rappelle l'idée d'un pluriel énoncé précédemment, comme dans : *Il y a trois vertus théologales*; CE SONT. *La Foi, l'Espérance et la Charité.*

Emploi du Subjonctif.

(Gramm. Nos. 364 a 370.)

333e. — Quoique les méchants prospèrent quelquefois, ne pensez pas qu'ils *soient* heureux. La religion exige que nous *sacrifions* nos ressentiments, et que nous *publiions* les louanges du Seigneur. Cet homme est le plus riche propriétaire qui *soit* dans ce village. Il lui semble que *j'ai* tort.

334e. — Croyez-vous que le coupable *dorme* tranquille, et qu'il *n'ait* pas le cœur déchiré? Le règne de Charles VI est un des plus malheureux qu'on *ait* vus en France. Retenez-le jusqu'à ce que vous *sortiez*. Il y a peu d'hommes qui *sachent* supporter l'adversité. Il est sûr qu'elle *viendra*.

335e. — Le meilleur cortège qu'un prince *puisse* avoir, c'est le cœur de ses sujets. Citez-moi un maître dont les leçons *soient* aussi profitables. Quelques biens que vous *possédiez*, vous êtes toujours sujets à la mort. Prends garde qu'on ne te *voie* en chemin. Il me semble qu'elle *a* raison.

Concordance des Temps.

(Gramm. Nos. 370 a 373.)

336e. — L'envieux voudrait que tout ce qui est bon appartînt à lui seul. Solon ordonna, en mourant, qu'on *portât* ses os à Salamine, qu'on les *brûlât* et qu'on en *jetât* les cendres par toute la campagne. Il aura fallu que vous *ayez eu* beaucoup de prudence dans cette affaire.

337e. — Je doute fort qu'un homme de bien *consente* jamais à une bassesse. Il faut que tu *écrives* à ton frère, et qu'il te *réponde* par le premier courrier. Pour obtenir les honneurs du triomphe, il fallait que l'on *tuât* cinq mille ennemis. Le médecin a défendu qu'il *sortît*. J'ai toujours pensé que la santé *vaut* mieux que les richesses.

338e. — Je ne crois pas qu'il *parvînt* à cet emploi éminent, sans votre protection. Il serait à désirer que tous les hommes *aimassent* les louanges, et qu'ils *s'efforçassent* de les mériter. Les anciens ne savaient pas que la terre *tourne* autour du soleil. L'envieux voudrait que toute bonne chose lui *appartînt*.

339e. — Il eût fallu, il aurait fallu que vous *eussiez parlé* à votre père, avant qu'elle arrivât. On ne croira jamais qu'il *eût obtenu* cette place, si vous ne l'eussiez protégé. Dieu nous a créés pour que nous l'*aimions* et que nous l'*adorions*. Il était temps que tu t'en *aperçusses*. Quoi que vous *étudiiez*, donnez-y tous vos soins.

DU PARTICIPE.

Suite de l'accord du Participe passé.

(Gramm N° 373 a 384)

340°. — Cette femme s'est *blessée;* elle s'est cassé la jambe droite. Notre enfance s'est *écoulée* avec rapidité. Une tempête s'est *élevée* sur la mer. Ses yeux se sont *fermés* à la lumière. Mes sœurs se sont *tues.* Nous nous étions proposé de vous aller voir.

341°. — Ces instituteurs communaux se sont concilié l'estime des conseillers municipaux. Ah! comment s'est *éclipsée* tant de gloire? Comment se sont anéantis tant de travaux? Stéphanie, tu t'es *obstinée* à ne pas sortir; tu t'es fait une mauvaise réputation.

342°. — Les grands hommes se sont survécu à eux-mêmes. Que de ministres se sont succédé depuis 1830 ! Mes parents se sont suffi dans leur médiocrité. Geneviève et Zélie se sont souri lorsqu'elles se sont *aperçues;* elles se sont convenu.

343°. — Elles se sont plu à la campagne; elles se sont ri des observations que nous nous sommes fait un devoir de leur adresser; par là, elles se sont nui dans l'esprit de la société qui s'était complu à rendre justice à leurs talents. Ces deux hommes se sont ressemblé.

344°. — Mes cousines se sont déplu dans leur pension. La terre s'est *ébranlée.* Messieurs, vous vous êtes parle à l'oreille, et vous vous êtes nui. Plus d'une fois, il est tombé des pierres du ciel. C'est une des plus grandes reines qu'il y ait eu. Vous vous êtes donné des coups

345°. — Les froids qu'il a fait cette année, ont été très-vifs. La chaleur qui est *survenue,* a brûlé nos légumes. Les pluies continuelles qu'il a fait, ont causé toutes les maladies qu'il y a eu. Il est arrivé de grands malheurs dans ce village.

346°. — Les remèdes qu'il a fallu, ont coûté des sommes immenses. Les peines que nous avions prévu que cette affaire vous causerait, se sont *réalisées.* Votre sœur que j'avais *prévenue* que vous étiez arrivée, est *accourue.* Les leçons que vous avez voulu qu'elle étudiât, ne lui ont pas profité.

347°. — Les femmes que vous avez *convaincues, persuadées* que nous étions vos frères, l'ont toujours cru. Le peu de bonne conduite que ce jeune homme a montré, vous a fait lui retirer votre confiance. Le peu de capacité que nous avons *acquise,* nous fut très-utile.

348°. — Le peu de soldats que nous avons *rencontrés,* nous ont tous dit la même chose. Napoléon a remporté plus de victoires que d'autres n'en ont lu. Vous connaissez mon jardin: voici les pêches que j'en ai *apportées.* Ont-elles étudie?

349e. — Il crut voir des miracles et même en avoir fait. Des fleurs, j'en ai beaucoup cueilli. Des roses, combien j'en ai effeuillé ! Que j'en ai fané ! Autant de batailles il a *livrées*, autant il en a gagné. L'affaire est moins sérieuse que je ne l'avais pensé.

350e. — Votre sœur est toujours la même que je l'ai *connue*. Ces personnes ne sont pas aussi instruites que nous l'avions cru. Votre fille, je l'ai *vue* une seule fois, et je l'ai *reconnue*. Les trois heures que j'ai dormi, m'ont fait beaucoup de bien.

351e. — Toutes les années que ce prince a régné, ont été *signalées* par des bienfaits. Toutes les fois qu'il a parlé, il a été applaudi. Il s'est bien ennuyé pendant les quatre mois qu'il a voyagé. Les vingt kilomètres que nous avons couru, nous ont *fatigués* beaucoup.

352e. — Les sommes que ce procès m'a coûté, sont immenses. Les cinq cents francs que ce cheval a valu, il les vaut encore. Ses erreurs, elle les a longtemps *blâmées*. C'est la langue française qu'il a *parlée* toute sa vie. Je ne regrette ni les soins ni les peines qu'il m'a *coûtés*.

353e. — Les emplois que vous avez *courus*, vous ont échappé. Les heures qu'il a crié, l'ont rendu malade. Voilà les meubles que l'huissier a *criés*. Que d'honneurs m'a *valus* mon habit ! Je n'*oublierai* jamais les faveurs que votre recommandation m'a *values*.

354e. — Les enfants que nous avons *entendus* chanter, nous les avons entendu applaudir. La montre que j'ai vu voler, est celle que j'ai *vue* tomber. La femme que vous avez *aperçue* frapper ses enfants, n'est pas la même que vous avez aperçu frapper par son mari.

355e. — Mon ami, les marchandises que tu as laissé introduire, est-ce celles que tu as laissées dépérir ? Mademoiselle, où sont les robes que nous vous avons *vue* coudre, et les cravates que nous vous avons *vue* ourler ?

356e. — Camarades, les plumes que je vous ai *vus* tailler, où sont-elles ? Vous les avez *vues* s'accomplir, ces choses *étonnantes*. Tu les as *envoyés* cueillir des *fruits*, tes *enfants*, ensuite tu les as envoyé chercher par ta servante, que j'ai *vue* courir.

357e. — Elle s'est *vue* mourir, cette pauvre femme; elle s'est *vue* éteindre comme une lampe. On leur a donné tous les *agréments* que l'on a pu. On a eu pour leur âge tous les *égards* que l'on a dû. Elle m'a payé toutes les *sommes* qu'elle m'a *dues*.

358e. — Ils m'ont donné tous les *plaisirs* que j'ai voulu (*). Tous les maux qu'on lui a *voulus*, sont *arrivés*. Mes sœurs

---

(*) Sous-entendu *avoir*, ou *qu'ils me donnassent*.

ont fait toutes les dépenses que leur fortune leur a permis. J'ai fait toutes les *démarches* que mes *parents* ont ordonné.

359º. — Quelle peine j'ai *eue* à le décider ! Les injures que nous avons eu (ou *eues*) à essuyer, nous ont *dégoûtés*. La liberté qu'il a *prise* de la tutoyer, lui déplut. C'est une difficulté que j'ai appris à vaincre. Les charges qu'il a eu l'honneur d'exercer, lui ont échappé.

360º. — La témérité que j'ai *eue* de le critiquer, le fâcha. La plante, mise en liberté, garde l'inclinaison qu'on l'a *forcée* de prendre. Partout les rayons *perçants* de la vérité vont venger la vérité qu'on a négligé de suivre. Voilà la maison que j'ai fait bâtir et que j'ai fait agrandir.

DE LA PRÉPOSITION.

(Gramm. Nᵒˢ. 384 à 391.)

361º. — Nous n'apercevons la vérité qu'à travers *le* voile de nos passions. Il lui passa son épée au travers *du* corps. Cet arbre est planté vis-à-vis *de* ma fenêtre. Vous demeurez en face *de* l'église. Louis IX se distingua, *parmi* tous les rois de France, par la piété et *la douceur* de son règne.

362º. — Il existe une grande amitié *entre* ces deux hommes. Les libertins ont beau faire ; ils tremblent quand ils sont *près de* mourir. Celui qui est *prêt à* mourir, ne craint pas la mort. *Voilà* mon jardin là-bas dans la vallée, et *voici* ma maison en face *de* nous.

363º. — Nous avons voyagé en Europe, *en* Asie, *en* Afrique et *en* Amérique. Il est doux de servir sa patrie et *de* contribuer à sa gloire. Il dut sa vie à la clémence et à la magnanimité du vainqueur. Ce berger parvint aux premiers grades militaires par sa force, *son génie et son adresse.*

DE L'ADVERBE.

(Gramm. Nᵒˢ. 391 a 398.)

364º. — *(Autour, alentour).* Les *soucis* importuns voltigent comme des hibous *autour* des lambris dorés.

Cette femme était sur sa chaise, et ses filles étaient *alentour.*

(Avant, auparavant). Vous n'auriez pas dû parler ainsi : il fallait réfléchir *auparavant.*

Il faut rire *avant* d'être heureux, de peur de mourir *avant* d'avoir ri.

365e. — *(Plus, davantage)*. Vous avez de l'esprit ; mais votre compagne en a encore *plus* que vous.

Malheur à ceux qui estiment *plus* les *richesses* que la vertu !

(De suite, tout de suite). Nous jouâmes plusieurs parties *de suite*.

Il faut aller chercher le médecin *tout de suite*, car le temps presse.

366e. — *(Plutôt, plus tôt)*. Une grande naissance et une grande fortune annoncent le mérite et le font *plus tôt* remarquer. Le travail est nécessaire aux hommes : il fait leur félicité *plutôt* que leur misère. — J'ai *bien* faim et *bien* soif. Votre sœur était *si fort* en colère, qu'elle en devint toute rouge.

DE LA CONJONCTION ET DE L'INTERJECTION.
(Gramm. Nos. 398 a 401.)

367e. — Il ne faut pas juger d'un homme *par ce qu*'il ignore, mais *par ce qu*'il sait. Les hommes ne sont inconséquents dans leurs actions, que *parce qu*'ils le sont dans leurs principes. Mon ami, *quand* vous serez arrivé, vous viendrez me voir. *Quand* vous attendrai-je ? Ecrivez-le-moi.

368e. — *Quant* à moi, je suis disposé à tout faire pour vous être agréable. Messieurs, *quoi que* vous ayez dit, on ne vous a pas crus. Votre oncle a été condamné, *quoiqu*'il eût raison. C'est votre frère *ou* moi qui serons admis. Dites-moi, s. v. p. : *où* allez-vous maintenant ?

369e. — Il demeure à Abbeville *ou* dans les environs. Nous irons à Doullens, *où* nous vous attendrons. *Ah!* quelle pitié ! *Eh!* qui aurait pu croire cela? *Hé!* viens çà. *O* mon Dieu ! que vous êtes magnifique ! *Ho!* que me dites-vous là? *Oh!* quelle pitié ! mourir si jeune ! *Ha!* vous voilà !

DE L'ORTHOGRAPHE.
(Gramm. Nos. 404 a 430.)

370e. — Honorez vos parents ; vous vous acquerrez vous-mêmes de l'honneur. Ce donataire donna ses biens aux hospices. L'orthographe est la manière d'écrire correctement les mots de la langue. La philosophie est la connaissance des choses par *leurs* causes et *leurs effets*.

371e. — Joseph établit des greniers d'abondance dans toute l'Egypte. La physique est une science difficile et utile. Ce *dard* est pointu. Voilà un *long fusil*. J'ai des parfums odoriférants. Son *début* fut heureux. Suis mon *avis*. Le berger que j'ai vu dans mon *champ*, est caduc.

372ᵉ.— Il y a une mine de *plomb*. Je suis à l'abri. L'habit de mon *savori* est bleu. Le conseil est *dissous*. Le *pénitent* est *absous*. Prends ce caillou sous le bras, fais un *effort*, tu arriveras au *dépôt*, et tu verras l'*entrepôt* en face. Paie le *tiers* de tes impôts. Dans ton intérêt, reste coi.

373ᵉ. — Ce républicain est un Africain. *Quand* nous arriverons au prochain *relais*, nous fumerons une pipe de *tabac*. Si, dans la *nuit*, tu entends du *bruit*, sors de ton *lit*, et cours te cacher au bout du jardin. Ce diamant est brut. Quel *climat* de fer ! Jamais de temps serein.

374ᵉ. — Si j'ai faim, mon panier est plein de pain. Dieu voit, comme un *néant*, tout l'*univers* ensemble. J'ai regret de l'*amas* de blé que j'ai fait. Il faut battre le fer tandis qu'il est *chaud*. Je vous fais don de cette tabatière. Le sommeil est l'image de la *mort*.

375ᵉ. — Cet *avocat* se fit *soldat*, et parvint au *généralat* ; il avait la poitrine couverte de *crachats*. Nous mangeâmes un *ananas* et du *cervelas*. Tracez un *canevas*. Voulez-vous un nouveau morceau d'aloyau ? Il sortit du caveau, couvert de son manteau, avec son *chapeau* sur la tête.

376ᵉ. — J'ai mangé du gruau et des noyaux. Donnez-moi une *bouchée* de pain. La bonté de Dieu est infinie. Ce chien se distingue par sa *fidélité*. Il a vendu une *charretée* de fourrages. Elle se sauva par l'*allée*. L'empereur envoya des ambassadeurs à toutes les puissances.

377ᵉ. — Emmanchez ces couteaux. J'ai des bonbons dans ma bonbonnière. Son embonpoint l'incommode ; néanmoins il marche encore bien ; c'est un homme nonpareil. Ce comte régla ses *comptes* avec ses fermiers, et leur raconta un *conte* qui ne les fit pas rire.

378ᵉ. — J'admirai hier le *chant* matinal de l'alouette, lorsque je visitai mon *champ* semé en orge. La faim les força de mettre *fin* à leurs jours. Cet homme, né à Foix, a nié ses dettes plus d'une *fois* ; il a reçu des coups pour sa mauvaise *foi*, et depuis il a mal au *foie*.

379ᵉ. — Le maître a pris son *mètre* pour le *mettre* dans son cabinet. La *mère* du maire de notre village a voyagé sur *mer*. Voilà des *poids* pour peser les petits *pois* que j'ai achetés. Ce marchand de *poix* pue toujours. Pouah !!!...

De quelques Signes orthographiques.

(Gramm. Nᵒˢ. 8 à 11, et 430 à 438.)

380ᵉ. — *Où* vas-tu ? Je vais *là* tout *près*. Chaque fois que je rencontre ta sœur dans la commune, je la salue. C'est elle ou ta cousine qui sera *nommée quêteuse*. Ce jeune homme a beaucoup de dispositions ; il faudra le mettre à l'*école* normale.

381e. — On voit des *rivières* navigables *dès* leur source. On doit *haïr* le mensonge. La *réponse* de ton *frère* Paul, est *ambigué* et *incompréhensible*. J'ai *reçu* le *mémoire* du *maçon* qui a fait la *façade* de ma maison. Il est venu à *Noël*.

382e. — L'*épée* du *général* est *cassée*. D'où viens-tu? *Voilà* de l'eau *tiède*. Cet *élève* a beaucoup de *zèle* : aussi fait-il des *progrès*. Cette *pâte* a une teinte *noirâtre*. Nous *mangeâmes* du *ragoût* à la *fête* de ma *mère*. *Jésus*-Christ a fait douze *apôtres*.

383e.—Arras est le *chef-lieu* du *département* du *Pas-de-Calais*. Voici un *arc-en-ciel très-visible*. Il arriva *tout-à-coup*. *Passez-moi* l'*essuie-mains*. L'an mil huit cent *quarante sept*. *Est-ce* votre *belle-sœur* qui chante? *Chantera-t-elle* encore *après-demain* ?

384e. — *J'aime* l'homme *d'esprit*. *Quelqu'un* viendra. Je lirai *jusqu'au* soir. *Lorsqu'on* veut *être respecté*, il faut *qu'on* respecte les autres. S'il ne vient pas, j'irai le trouver , *puisqu'il* me *l'a* dit. Je l'*estime*, quoiqu'il me *dédaigne*. Cette *presqu'île* est verdoyante.

385e. — *Quelque* adroits que nous soyons, nous pouvons manquer. Mon billet écherra *le* onze du mois prochain. Il vint la *tête presque enveloppée*. Je dormirai *jusqu'à* midi. *Engagezla à* sortir. *Puisqu'on* le veut, je le ferai, *quoiqu'à* regret (ou *quoique à* regret).

DES MAJUSCULES OU CAPITALES.
(Gramm. N°. 438.)

386e. — La *France* est une des plus belles contrées de l'*Europe*. Votre sœur *Léonie* est aimable. La *Géographie* est une science utile. Le nord est situé en face du sud. L'empereur *Napoléon-le-Grand* est mort à l'île *Sainte-Hélène*, le 5 mai 1821. Nous devons adorer le *Tout-Puissant*. La *Picardie* est un pays productif Le sage a dit : *Aide-toi*, le *Ciel* t'aidera. Les *Français* sont courageux. La sombre *Jalousie* suit à pas chancelants le *Soupçon* qui la guide. Répondez, *Cieux* et *Mers* ; et vous, *Terre*, parlez.

DE LA PONCTUATION.
(Gramm. Nos. 439 à 451.)
La Virgule.

387e.— Le mépris, la haine, la crainte, le ressentiment, en un mot, toutes les passions se réunissent contre une autorité si odieuse. Votre ami est sincère, droit, équitable, libéral, bienfaisant. Il sait régler ses goûts, ses désirs, ses travaux, ses plaisirs, son courage, son adresse. On arrive, on se réjouit, on debarque enfin. Je crains Dieu, mon enfant, et n'ai point d'autre crainte. Un ami, don du ciel, est le vrai bien du sage. L'homme hardi peut tout, et le peureux, rien.

Le Point-Virgule, les Deux-Points, le Point.

388ᵉ. — Parler beaucoup et bien, c'est le talent du bel esprit ; parler beaucoup et mal, c'est le défaut du fat ; parler peu et bien, c'est le caractère du sage. On ne doit jamais se moquer des misérables ; car, qui peut s'assurer d'être toujours heureux ? Souvenez-vous de cet adage : Aide-toi, le Ciel t'aidera. Tout me plaît dans les synonymes de l'abbé Girard : la finesse des remarques, la justesse des pensées et le choix des exemples. Ma mère m'a dit : Mon fils, je t'aime plus que moi-même.

Les Points d'Interrogation, d'Exclamation et de Suspension.

389ᵉ. — Mais parle, de mon sort, qui t'a rendu l'arbitre ? S'il fallait condamner tous les ingrats qui sont au monde, à qui faudrait-il pardonner ? Un precepte est aride ? il le faut embellir ; ennuyeux ? l'égayer ; vulgaire ? l'ennoblir. Lui fait-on des compliments, il s'enorgueillit aussitôt. A tous les cœurs bien nés, que la patrie est chère ! Ah ! que de la vertu les charmes sont puissants ! Que vois-je ? cria-t-il. Que de ressources ne procure pas l'étude !

390ᵉ. — Je devrais peut-être.... mais, pour cette fois, je vous pardonne. J'aime.... à ce mot fatal, je tremble, je frissonne. Qu'un ami véritable est une douce chose ! Qui gagna autant de batailles que Napoléon ? O Dieu ! confonds l'audace et l'imposture ! O nuit ! nuit effroyable ! O funeste sommeil ! Qu'est cela ? — Rien. — Mais encore ? Dites-moi, que pensez-vous faire ? Ne quitterez-vous point ce séjour solitaire ?

Les Guillemets, la Parenthèse et le Tiret

391ᵉ. — Debout, dit l'avare, il est temps de marcher. — Hé ! laissez-moi. — Debout. — Un moment. — Tu repliques. La peste (puisqu'il faut l'appeler par son nom), capable d'enrichir en un jour l'Acheron, faisait la guerre aux animaux. M. de Ségur met ces paroles dans la bouche d'Alexandre : « On m'assure en vain que je suis le fils de Jupiter ; » cette plaie me fait trop sentir que je ne suis qu'un » homme ». Dieu a dit : « Honore, aime, respecte ton père » et ta mère ».

RÉCAPITULATION

SUR TOUTES LES RÈGLES DE LA GRAMMAIRE.(*)

392e. — Les *Francs avaient* la taille haute, la peau très-blanche, les yeux *bleus ;* ils *laissaient* croître de *petites* moustaches à la lèvre *supérieure ;* leurs cheveux, *coupés* par derrière, *longs* par devant, *étaient* d'un blond admirable. Ils *portaient* une *belle* et large ceinture où pendait une épée lourde, longue et tranchante. Ils étaient d'une légèreté si *prodigieuse, qu'ils* tombaient sur leurs *ennemis* aussi vite que les *traits* qu'ils *avaient lancés* contre eux.

393e. — Nos *lois* les plus *anciennes sont* les lois *saliques,* ainsi *nommées* des Saliens. On sait que Clovis en *rédigea* un grand nombre d'*articles.* Les *crimes* les plus *grands, tels* que le meurtre et l'adultère, *étaient* punis par des amendes *pécuniaires.* Les maîtres *étaient* responsables des vols *faits* par leurs *esclaves,* et des dégâts *causés* par leurs bestiaux.

394e. — Astolphe, roi de *Lombardie, jaloux* de voir *Rome* et les plus beaux *ciels* de l'*Italie* au pouvoir des *Papes,* entreprit de s'en emparer. Il préparait tous *ses* attirails de guerre, source de *mille maux.* Déjà *ses* drapeaux flottaient devant la ville *éternelle,* quand *Pépin-le-Bref,* que ni les fatigues ni les travaux ne *pouvaient lasser,* franchit les *Alpes,* et grâce à ses *efforts,* la puissance temporelle des successeurs de saint *Pierre,* fut dès-lors *fondée.*

395e. — Le pape *Etienne* II *donne* l'onction sainte à *Pépin,* à *Berthe,* son épouse, et à ses enfants. Puis, courbant les *genoux,* et levant les yeux vers le ciel, il conjure le *Très-Haut* de ne pas permettre que la couronne *royale sorte* de la race de Pépin. Les voix de l'*assemblée répètent* la *même prière* et font des *vœux* pour qu'il vainque ses ennemis et ses rivaux. — Pépin fut enterré à Saint-Denis.

396e. — L'histoire *obscure* et ténébreuse du moyen-âge *s'éclaire* un instant du génie de *Charlemagne. Ce* prince *commença* une carrière qui devait être si florissante et si *belle,* en réunissant l'*Aquitaine* à sa puissance. *Carloman,* son *frère,* eut à peine le temps de *goûter* les douces et *fugitives* illusions du pouvoir. A sa mort, une foule *courtisane* et complimenteuse de seigneurs, se rendit auprès de *Charles,* qui fut *déclaré* unique souverain.

397e. — L'enchanteresse *Italie offrit* bientôt à *Charlemagne* une *nouvelle* et glorieuse *couronne.* A la voix *plaintive* et sup-

(*) Ces exercices récapitulatifs sont calqués sur l'histoire de France — Les signes orthographiques ne sont presque point viciés.

pliante du pape *Adrien*, devenu l'objet des *traîtresses* attaques de *Didier*, notre roi marcha à la tête de ses troupes, plus martiales que les courageuses armées *turques* ou *mahométanes*; que les *anciennes cohortes grecques*, et que la vieille légion *romaine*.

398e. — Les *Français revenaient* à peine de *cette* délicieuse *contrée*, que d'*immoraux* complots des *Saxons brutaux*, *appellent* leurs *armes victorieuses*. *Aussi prompt* que la foudre *vengeresse*, *Charlemagne vainc* les révoltés, et *leur* adresse de bénignes paroles. Witikin et plusieurs de ses *principaux* officiers *se soumirent* et *embrassèrent* la religion *chrétienne*.

399e. — Nos armes furent aussi *heureuses* contre les *Esclavons* et les *Huns* établis en *Hongrie*, et leurs richesses *excessives*, fruits de leurs rapines *continuelles* et *dévastatrices*, devinrent notre proie légale et nos avantages *triomphaux*. De *nouveaux* triomphes et de nouvelles victoires *appellent* nos belliqueuses troupes en *Espagne*, et les *Sarrasins tremblent* devant leur audacieuse *intrépidité*.

400e. — Ensuite, ce grand prince *dirigea ses* valeureuses armées contre les *Grecs*, les *dompta*, et *forçant* tout jusqu'aux bords de la *mer Baltique*, il *obligea* les *Danois* à se *renfermer* dans leur presqu'île. Il *fallait* qu'il *mît* un terme aux révoltes sanglantes qui *se renouvelaient* chez les *Saxons*. Il *marcha* contre ces *fières* légions avec sa guerrière énergie, et ses *loyaux* soldats, les *terrassa*, et *s'avança* jusqu'aux rives fécondes du *Wéser*.

401e. — *Hugues-le-Grand* fut élevé au *trône au milieu des vivats* et des bravos de la multitude, par les suffrages mêmes de *ses* rivaux qui, croyant partager son autorité, n'étaient réellement que *ses* brillants *aides-de-camp*. Il fit ses délices des actions propres à lui *attirer* les amours *constantes* de ses peuples. Terrible comme l'aigle *majestueux*, il *fondit* sur les *Allemands*.

402e. — *Il* se *concilia* les ecclésiastiques, en *abandonnant* aux religieux *de* riches et grandes abbayes. Cet exemple fut suivi par les grands *vassaux* et *même* par les *arrière-vassaux*. Les membres du clergé, *unissant* leurs *te Deum* solennels, leurs joyeux *alleluia*, aux *pater* et aux pieux *ave Maria* de l'humble multitude, pour *remercier* le roi des cieux de *leur* avoir *donné* un si bon prince, lui *décernèrent* le titre de défenseur de l'Eglise.

403e. — Par ses vertus *guerrières*, il• *causa* à ses ennemis de cruels *rabat joie* et de rudes *crève-cœur*. Par sa *fermeté*, il *écarta* les *contre-coups* que tentèrent de lui porter quelques *trouble-fête*; il fut l'un des *avant-coureurs* de *cette* gloire dont les *Français devaient se* couvrir, lorsqu'ils *seraient* guidés par leurs aigles *impériales* et *victorieuses*.

404e. — Par sa piété, par ses bons exemples et par l'aide *assurée* qu'il *a portée à l'Eglise*, il affermit le christianisme. Alors, les temples ne *retentissaient* pas encore du son de ces orgues *harmonieuses*, ni de ces voix vibrantes et sonores qui, par des *solos*, des *duos*, des *trios*, des quatuors mélodieux, *viennent* aujourd'hui *enflammer* les cœurs de l'amour *divin*.

405e. — Le roi *Robert* a composé plusieurs *belles* hymnes que l'on *chante* encore à l'église, et qui ne manquent pas de ce feu divin si *admiré* dans les hymnes *composés* en l'honneur des dieux *mythologiques*. Il a *accordé* la vie sauve à douze scélérats, vrais *coupe-jarrets*, qui avaient *tendu* des *guets-à-pens* pour l'*assassiner*.

406e. — Sous *Philippe* Ier, à la voix du preux *et bouillant* Pierre-l'Ermite, gentilhomme *picard*, treize cent *mille* hommes se croisèrent. Beaucoup *périrent* en route ; ceux qui *parvinrent* en *Orient*, *prirent* d'assaut *Jérusalem*, dont *ils proclamèrent* roi leur sage *et vaillant* chef, le pieux *et prudent* Godefroi de *Bouillon*.

407e. — Louis VI marcha contre *Henri* Ier, roi d'*Angleterre*, et les deux *armées* se rencontrèrent à Brenneville. Ne prenant conseil que d'un courage ou d'une témérité *exaltée* ; oubliant que *non-seulement* une prudence, *mais* même une politique judicieuse, doit être la compagne des rois, *il combattit* comme le dernier de *ses* soldats. La bravoure, l'intrépidité *héroïque* que *Louis déploya* dans cette *fatale* journée, ne *put* empêcher sa défaite.

408e. — Louis IX avait à peine douze ans, quand il succéda à *son* père, en l'an mil deux cent vingt-six, c'est-à-dire en l'an cinq *mille* deux cent vingt-six de la création du monde. Il *s'embarqua* pour la *Terre-Sainte à Aigues-Mortes*, port situé à près de trois cent *quatre-vingts* ou quatre *cents* kilomètres de Paris. Ce prince *fonda* l'hospice des *Quinze-Vingts*.

409e. — *Philippe-le-Hardi* ramena les *dépouilles mortelles* de *son* père. Le lendemain de leur arrivée à Paris, *elles* furent *déposées*, en grande pompe, dans les *caveaux* de Saint-Denis. *Un* peuple immense *accourut* à cette lugubre cérémonie, et jamais on ne *vit nuls pleurs* plus sincères, ni *aucunes funérailles* plus touchantes. A cette *époque*, les ouvrages et les noms de quelques célèbres écrivains, *sortirent de l'oubli*.

410e. — Charles V, dit le Sage, *admit* dans ses conseils *de dignes et sages ministres*; il *confia* ses troupes à de *vaillants et prudents* capitaines ; en sorte que, tandis que *ceux-là*, par une sage *administration, acquittaient* les dettes de l'*État* et *rendaient* le peuple *heureux, ceux-ci savaient forcer* la victoire à se *ranger* encore sous nos *drapeaux*, humiliaient le roi de *Navarre*, et *arrachaient* aux *Anglais* les provinces qu'*ils* avaient *conquises*.

411e. — Louis XII fit connaître que *c'est* le bonheur et la reconnaissance des peuples qui *peuvent seuls* rendre les princes heureux ; et les *États*, pour lui prouver que *ce sont* les vertus et la bienfaisance des princes qui *leur méritent* les bénédictions de leurs sujets, le *proclamèrent* le *Père du Peuple*.

412e. — Bayard, la *Trémouille*, *Gaston de Foix étaient* de ces guerriers à qui il aimait à dire : « *C'est* vous, braves capitaines, qui *m'avez* soutenu dans mes disgrâces ; vous êtes les généraux qui *m'ont* empêché plusieurs fois de *succomber* ». « *Placés* sur le trône pour le bien général, disait-il à la reine *Anne*, nous devons oublier parents, amis, tout, si ce *n'est* nos sujets ».

413e. — Après la bataille de *Marignan*, que les vieux *guerriers* appelèrent le *combat des Géants*, un des plus terribles qui se *soient livrés* jusqu'à *cette* époque, *François* Ier se rendit maître *du Milanais et l'occupa*. Il conclut avec les *Suisses* une paix *perpétuelle*, et pour gagner *le Pape et lui plaire*, il abolit la pragmatique-sanction, qu'il *remplaça* par le concordat.

414e. — La nuit du 24 au 25 août (1572), fête de saint *Barthélemy*, est marquée par l'exécution d'une des plus *sanglantes* catastrophes qui *aient* épouvanté la terre. *Catherine* de *Médicis* ordonna que *tous* les *Calvinistes fussent égorgés*. Croira-t-on que le roi Charles IX *ait* eu la barbarie de tirer sur ses malheureux sujets *fuyants*, et qu'il *se soit* réjoui de voir le cadavre de *Coligny* outragé par la populace ?

415e. — Henri IV disait : « *J'aimerais* mieux n'avoir jamais *Paris* que de voir ses murailles *tombantes*, ses rues dégoûtantes du sang de ses habitants, et mes soldats *se baignant* dans celui de leurs compatriotes, expirant sous leurs coups *redoublés*, et *fuyant* loin du foyer *paternel* ». L'infâme *Ravaillac* mit fin aux jours si intéressants de ce bon roi, en lui *plongeant* un poignard dans la *poitrine*, vers trois heures et demie de l'après-midi.

416e. — Il *fallait* à *Marie* de *Médicis* l'autorité souveraine qu'on *l'avait* toujours *vue* ambitionner. Les mécontents, dont elle n'avait jamais *cessé* de suivre les conseils, *s'étaient* encore une fois *rassemblés autour* d'elle. Le roi Louis XIII fit tout pour *éviter* une rupture qui aurait fait renaître les discordes qu'on avait eu tant de *peine* à apaiser. Mais *quand* il vit que les rebelles *s'étaient imaginé* pouvoir lui résister, il *se mit* à la tête de l'armée *royale*, alors *commandée* par le prince de *Condé*, devenu un des plus fidèles sujets qu'ait jamais *eus* le roi.

417e. — Les revers qu'*avait essuyés* la *France*, *s'étaient* succédé d'une manière déplorable. Villeroi, que la faveur de la cour s'était *plu* à placer à la tête d'une armée de *quatre-vingt* mille hommes, était en *Flandre*. La présomption, comme l'impéritie qu'il a *montrée*, *causa* au pays le> plus grands maux qu'il *ait eu* (ou *eus*) à endurer. La *Flandre* française fut *abandonnée* et *perdue*.

418ᵉ. — Frédéric, poussé à la fois par la *France*, l'*Autriche* et la *Russie*, était *près de* perdre ses états et *prêt à* proposer la paix; *mais* la bataille de *Rosbach* qu'il *gagna* en 1557, rétablit promptement ses affaires. Le prince de Soubise s'était mis à sa poursuite, et se voyant *près de* l'atteindre, il le *tenait* pour vaincu. *Tout-à-coup*, *Frédéric* fait volte-face, et, par une savante manœuvre, écrase notre armée.

EXERCICES

SUR LES HOMONYMES. (*)

419ᵉ — Air, *aire*, *Aire*, *ère*, *erre*, *haire*, *hère*; = *faire*, *fer*, *Fère*, *ferre*.

Voyez-vous ce pauvre *hère*, natif d'*Aire* (Pas-de-Calais), vêtu d'une *haire* de crin? Il *erre* autour d'une *aire* où l'on respire un mauvais *air*; mais une *ère* nouvelle va s'ouvrir pour lui, parce qu'il vient de *faire* un héritage immense d'un oncle marchand de *fer*, mort à *La Fère* (Aisne).

420ᵉ. — Alène, *haleine*; = *amande*, *amende*; = *âne*, *Anne*; = *antre*, *entre*.

Ce cordonnier perdit *haleine* en cherchant son *alène*; et pour avoir pris une *amande*, il fut condamné à une *amende* de deux cents francs. Ce bel *âne* appartient à ma sœur *Anne*, qui m'a toujours dit qu'une maison de jeu est un *antre* horrible, et que celui qui le fréquente, s'y trouve placé *entre* l'infamie et la mort.

421ᵉ. — Ancre, *encre*; = *Aude*, *ode*; = *août*, *houe*, *houx*, *ou*, *où*; = *auteur*, *hauteur*.

Ce marchand vend de l'*encre* pour écrire et des *ancres* pour fixer les vaisseaux. L'auteur de cette *ode* est né sur les bords riants de l'*Aude*. *Où* allais-tu le quinze *ou* le seize du mois d'*août*, avec un rameau de *houx* à la main et une *houe* sur l'épaule? Cet *auteur* n'est pas à la *hauteur* de son siècle.

(*) On appelle *homonymes* des mots qui ont la même prononciation, ou à peu près, mais qui diffèrent très souvent par l'orthographe.

422°. — *Are, arrhes, art, harts ;* = *au, aulx, eaux, os ;* = *auspices, hospice.*

En achetant cet *are* de bois, où tu trouveras une grande quantité de *harts*, tu fis bien de donner des *arrhes*. Ton marché fut conduit avec *art*. Ce marchand d'*os* boit de l'*eau* du matin *au* soir, et mange des *aulx* avec son pain. Cet homme, quoique né sous d'heureux *auspices*, mourut à l'*hospice*.

423°. — *Autel, hôtel ;* = *appas, appât ;* = *avant, avent ;* = *bal, Bâle, balle.*

A l'époque de la terreur, son père éleva un *autel* dans son *hôtel*, où un saint prêtre disait la messe. L'*appas* de l'oisiveté est toujours un *appât* dangereux pour la jeunesse. Le premier dimanche d'*Avent* arrive toujours quatre semaines *avant* Noël. Mon cousin, en sortant du *bal*, partit pour *Bâle* en Suisse, où il reçut une *balle* dans la tête.

424°. — *Balai, balaie, ballet ;* = *sale, salle ;* = *ban, banc ;* — *vain, vin, vingt, vint ;* = *baud, baux, beau, bot.*

Balaie cette *salle* qui est *sale*, avec ce *balai*, parce qu'on doit y danser un *ballet*. Assis sur mon *banc*, j'entendis publier son dernier *ban*. C'est en *vain* qu'il but du *vin* quand il *vint* me voir le *vingt* du mois de juin ; il défaillit en route. Mon frère, qui a le pied-*bot*, et qui possède un *beau* chien *baud*, rédige souvent des *baux*.

425°. — *Dessein, dessin ;* = *boue, bout ;* = *cane, canne ;* = *canaux, canot ;* = *chaud, chaux ;* = *chaîne, chêne ;* = *car, quart.*

J'ai *dessein* d'envoyer mon fils au cours de *dessin*. Avec le *bout* de ma *canne*, je tuai une *cane*, qui tomba morte dans la *boue*. Nous nous sommes promenés en *canot* sur des *canaux* où il ne faisait pas *chaud* ; nous débarquâmes auprès d'un four à *chaux* ; nous attachâmes notre nacelle à une *chaîne* scellée dans un tronc de *chêne*, et nous ne restâmes à terre qu'un *quart* d'heure, *car* il était déjà tard.

426°. — *Camp, Caen, Kan, Kent ou Kant, quand, quant, qu'en ;* = *jarre, jars.*

Un *camp*, sous les ordres d'un général qui ressemble au *Kan* des Tartares, a été formé près de la ville de *Caen*. Un milord de la province de *Kent* alla le visiter. *Quand* irons-nous aussi ? *Quant* aux frais de voyage, je m'en charge. *Qu'en* penses-tu ? Ce *jars* a bu une *jarre* de lait tout entière.

427°. — *Bah ! bat, bât, bas ;* = *chœur, cœur ;* = *envi, envie, envies ;* = *gai, gué, guet ;* = *jeune, jeûne.*

Ce vieux papa qui *bat* la caisse, a perdu, dans une ribote, ses *bas* et le *bât* de son âne ; lorsqu'on lui en parle, il dit : *bah !* Ces enfants de *chœur* ont du *cœur* ; ils travaillent à l'envi et ont envie de se surpasser. *Envies-tu* leur courage ? Léopold n'était pas *gai* lorsqu'il passa le *gué*, car il était poursuivi par le *guet*. Cette *jeune* fille observe le *jeûne* ordonné par l'église.

428e. — *Tante, tente ;* = *sou, soûl, sous ;* = *trop , trot ;* = *raine, reine, rêne, renne, Rennes.*

Ce brave général abrita sa *tante* sous sa *tente*. Donne un *sou* à cet homme *soûl* couché *sous* la porte. Je n'aime que, *trop* le *trot* de ton cheval. La *reine*, qui était couverte d'une peau de *renne*, tenait les *rênes* de son coursier en entrant dans *Rennes*, où l'on voit beaucoup de *raines* vertes.

429e. — *Fait, faix ;* = *guère, guerre ;* = *lai, laid, laie, lait, lé, legs, les, lez* ou *lès.*

C'est un *fait* notoire que ton père a succombé sous le *faix* des années. Ces jeunes gens ne reculeraient *guère* s'il fallait aller à la *guerre.* Ce riche négociant, se voyant mourir d'une blessure qu'il a reçue d'une *laie*, fit son testament. Il laissa un *legs* considérable pour *les* pauvres ; il était très-*laid* et ne buvait que du *lait* ; un frère *lai* lui récita les prières des agonisants, et fut enterré à Longpré-*lès*-Amiens.

430e. — *Je, jeu ;* = *fausse, fosse ;* = *cent, sang, sans, sens, sent, s'en.*

Mon ami, *je* te conseille de ne pas fréquenter le *jeu*. André prit une *fausse* route, et tomba dans une *fosse* profonde. Ton oncle, homme de bon *sens*, a près de *cent* deux ans ; il voit que sa position est *sans* remède ; il *sent* que son *sang* se glace et qu'il *s'en* va.

431e. — *Pair, paire, perd, père ;* = *grâce, grasse, Grasse ;* = *cour, cours, court.*

Lucien, dont le *père* était *pair* de France, et qui a une si belle *paire* de chevaux arabes, *perd* tout son argent au jeu. Cette personne, née à *Grasse* (Var), est trop *grasse* et manque de *grâce* dans ses mouvements. Paulin, qui, avec son habit *court*, vient d'entrer dans la *cour*, va-t-il au *cours* de musique ?

432e. — *Chair, chaire, cher, chère ;* = *Pau, peau, Pó, pot.*

Le bois de la *chaire* de notre église est couleur de *chair* ; l'ouvrier qui l'a faite, aime la bonne *chère*, et vend sa marchandise très-*cher*. Un habitant de *Pau*, voyageant couvert d'une *peau* d'ours, se noya dans le *Pó*, en allant y puiser de l'eau dans un *pot* de grès.

433e. — *Ceins, ceint, cinq, sain, Sains, saint, sein, seing ;* = *saut, sceau, Sceaux, seau, sot.*

Ce *saint* ermite, *sain* de corps et d'esprit, *ceint* d'une ceinture, qui porte une relique sur son *sein*, est natif de *Sains*

(Somme). Je lui prêtai *cinq* francs, et il me donna un billet sous *seing*-privé. Ce grand *sot*, qui prit le *sceau* du maire de *Sceaux*, fit un *saut* et tomba sur un *seau* plein d'eau.

434e. — *Cou, coud, coup, coût; = dais, des, dès, dey; = dam, dans, dent.*

Vous en paierez le *coût*. Je donnai un *coup* de bâton sur le *cou* du chien de cette femme qui *coud* une robe. *Dès* le matin, nous vîmes *des* jeunes filles qui allaient parer le·*dais* que le *dey* d'Alger admira. J'ai perdu la *dent* d'éléphant que j'avais trouvée dans la rivière; quel *dam* pour moi !

435e. — *Clair, claire, clerc; = cens, cense, Sens; = fond, fonds, font, fonts.*

Au *clair* de la lune, je vis le *clerc* du notaire qui buvait de l'eau *claire*. Près de la ville de *Sens*, se trouve un *cense* dont le propriétaire paie le *cens* électoral. Avec leur *fonds* de boutique, mes parents *font* construire une maison au *fond* du jardin, et donnent de beaux *fonts* baptismaux à l'église.

436e. — *Comptant, contant, content; = cygne, signe; = date, datte; = bête, bette.*

L'avare est aussi *content* en *comptant* ses écus, que le vieux soldat l'est en *contant* l'histoire de ses campagnes. Le *cygne* est le *signe* de la candeur. Par sa lettre, en *date* du 9 courant, mon frere m'annonce qu'il m'envoie des *dattes*. Cette *bête* mange des *bettes* avec avidité.

437e. — *Faite, faîte, faites, fête; = là, lacs, las; = serein, serin.*

Mon fils est monté sur le *faîte* de la meule que j'ai *faite*, pour découvrir les divertissements de la *fête*; si vous êtes curieux, *faites* comme lui. Je suis *las* de tendre des *lacs* dans cet endroit-*là*. Ce beau *serin* charme nos oreilles lorsque le temps est *serein*.

438e. — *Mai, mais, mes, mets; = plaine, pleine; = voie, voix; = paie, paix.*

Le premier *mai*, j'allai à la fête du Roi avec *mes* frères; nous ne mangeâmes pas de *mets* succulents, *mais* nous nous divertîmes. Le jour de la *pleine* lune, nous partîmes pour la *plaine*, et à la *voix* de notre chef, nous suivîmes la bonne *voie*. Pour avoir la *paix*, le maître décida que la *paie* se ferait tous les samedis.

439e. — *Maur, Maure, mord, More, mors, mort.*

Dans le pays des *Maures*, le chien ne *mord* pas quand il aboie; le cheval y prend quelquefois le *mors* aux dents; là, comme dans le village de St.-*Maur* et partout ailleurs, la cruelle *mort* n'épargne personne; elle traite de Turc à *More* les grands comme les petits.

440ᵉ. — *Plan, plant ;* = *raie, rais, rets, rez, Rhé ;* = *van, rend, vent.*

Le *plan* que m'a donné ce géomètre, figure un *plant* d'arbres bien dessiné. Ce charron, qui a fait une *raie* sur le *rais* de la voiture, fabrique aussi des *rets* pour prendre des oiseaux. Il habite une chambre au *rez*-de-chaussée, dans l'île de *Rhé*. Le *van* que *vend* ce marchand, produit beaucoup de *vent*.

441ᵉ. — *Tribu, tribut ;* = *bai, baie, bey ;* = *taon, thon, ton, tond ;* = *vice, vis ;* = *ras, rat.*

La *tribu* qui habite près de cette *baie*, paie un gros *tribut* au *bey* de Tunis. que nous vîmes au mois de novembre sur un beau cheval *bai*. *Ton* cousin, qui *tond* des chiens, a pêché un *thon* et a été piqué par un *taon*. Cette *vis* a un *vice* dans sa construction. Ce *rat* a le poil *ras*.

442ᵉ. — *Vau, Vaud, vaut, vaux, veau, vos ;* = *vol, vole ;* = *cartier, quartier.*

Combien *vaut* le *veau* que vous avez fait venir de *vos* métairies du pays de *Vaud ?* En marchant à *vau*-l'eau, nous avons admiré les *vaux* pittoresques qui bordent cette rivière. Ces hommes, qui viennent de faire la *vole*, ont commis un *vol*. Ce *cartier* demeure dans un *quartier* paisible.

443ᵉ. — *Toue, tout, toux ;* = *ver, verre, vers, vert ;* = *hâle, halle.*

En traversant la Loire dans une *toue*, j'ai gagné une *toux* qui me rend *tout* malade. *Vers* midi, je trouvai, dans ce *vert* bosquet, un *ver* très-gros que je mis dans une bouteille de *verre*. Par ce *hâle* brûlant, on se trouverait bien sous une *halle*.

444ᵉ. — *Lut, luth, lutte ;* = *celle, sel, selle ;* = *pan, paon, pend.*

Ce jeune homme, qui fut vainqueur dans sa *lutte*, raccommoda son *luth* avec du *lut*. La *selle* que vous m'avez envoyée, n'est pas *celle* que vous aviez vendue au marchand de *sel*. Cet homme bizarre fit peindre un *paon* sur le *pan* de sa redingote, qu'il *pend* maintenant au soleil.

445ᵉ. — *Geai, j'ai, jais, jet ;* = *tan, tant, temps ;* = *raisonne, résonne.*

Avec la belle canne d'un seul *jet* que mon oncle m'a rapportée des îles, *j'ai* lué mon chat noir comme du *jais*, parce qu'il a croqué le jeune *geai* que mon fils avait élevé avec *tant* de soins. J'ai *tant* de *tan* à ranger, que je n'ai pas le *temps* de vous aller voir. Je *raisonne* du tonneau qui *résonne* si fort, quand on frappe dessus.

446e. — *Puis, puits, Puy ; = cep, ces, c'est, saie, sais, sait, sept, ses, s'est.*

Je *puis* vous assurer qu'il y a dans la ville du *Puy*, un joli *puits* artésien. Je *sais* que *ses* parents, qui m'ont envoyé *ces* livres, sont ordinairement vêtus d'une *saie* grossière. Mon ami *s'est* trompé en m'assurant qu'il y a *sept* grappes de raisin sur ce *cep* de vigne ; *c'est* assurément qu'il ne *sait* pas compter.

447e. — *Aîne, Aisne, haine ; = main, maints, Mein, = saur, saure, sors, sort.*

Mon frère a une *haine* invétérée contre toi, parce qu'en nageant dans l'*Aisne*, tu le blessas exprès à l'*aîne*. On a vu à Francfort-sur-le-*Mein*, *maints* Français se tenant par la *main* dans la rue. Je *sors* de manger un hareng-*saur* dans cette auberge. Je plains le *sort* du voyageur qui y descend avec un cheval *saure*.

448e. — *Cène, saine, scène, Seine ; = pain, peins, peint, pin.*

Rouen, situé sur la *Seine*, est dans une position *saine* ; ses habitants vont voir la *cène* du Jeudi-Saint, qui est une *scène* bien touchante. Ce peintre *peint* dans ce tableau, un enfant mangeant un morceau de *pain*, à l'abri d'un *pin* ; *peins*-en un aussi, si tu le peux.

449e. — *Panse, pense ; = peine, pêne, penne ; = Thoix, toi, toit ; = Marie, mari, marri.*

Pense à ton malheureux cousin dont on *panse* la plaie. J'ai de la *peine* à croire que le *pêne* de cette serrure soit aussi gros que la *penne* d'un aigle. Cet homme de *Thoix*, qui te doit deux cents francs, ne pense pas à *toi* sous son *toit* rustique. Le *mari* de *Marie* est bien *marri* de ton malheur.

450e. — *Apprêts, après ; = parc, Parque ; = pie, pis ; = palais, palet ; = lire, lyre.*

Après le dîner, il fallut faire les *apprêts* de son départ. En chassant dans le *parc* du château, la *Parque* lui trancha le fil de ses jours. Ce n'est pas tant *pis* que tu aies tué la *pie*. Ces enfants, qui jouent au petit *palet* dans la cour du *palais*-de-justice, jouent aussi de la *lyre* sans savoir *lire* la musique.

451e. — *Plain, plains, plaint, plein ; = d'où, Doubs, doux ; = foret, forêt ; = mou, moud, moue.*

Je *plains* ce chantre *plein* d'orgueil qui ne sait pas le *plain*-chant ; tout le monde le *plaint* aussi. *D'où* viens-tu ? Du département du *Doubs*, où le climat est très-*doux*. Je trouvai un *foret* dans la *forêt*. Ce meûnier, qui *moud* mon grain, fait la *moue*, parce que je lui donne du *mou* de veau à manger.

452°. — *Parti, partie, partis;* = *paume, pomme;* = *pouce, pousse;* = *mur, mûr, mûre;* = *coin, coing.*

Je *partis* pour la fête, où j'acceptai une *partie* de tamis, que j'ai perdue; j'en pris mon *parti* en brave. Nous trouvâmes une *pomme* dans le jeu de *paume.* Il me démit le *pouce* avec une *pousse* d'arbrisseau. Nous cueillîmes un *coing mûr* et une *mûre* dans un *coin* du jardin contre le *mur.*

453°. — *Porc, pores, port;* = *taie, tais, tait, tes, t'es, t'est, têt, thé.*

Dans le *port*, nous avons vu un *porc* qui saignait par tous les *pores* de la peau. Mon ami, je connais *tes* desseins. *Tais*-toi, ton frère se *tait* aussi. Que *t'est*-il arrivé? *t'es*-tu battu? Mon cousin m'a fait une *taie* dans l'œil droit avec un *têt* de pot.

454°. — *Lie, lis, lit;* = *cap, cape, cappe;* = *écho, écot.*

En sortant de mon *lit*, où je respirais l'odeur du *lis*, je tombai dans une mare de *lie.* Au moment où je regardais la *cappe* de mon cidre, je vis entrer dans mon cellier un homme couvert d'une *cape* de laine et armé de pied en *cap.* Ce cabaretier fait répéter aux *échos* de la vallée que chacun doit payer son *écot.*

455°. — *Gray, gré, grès;* = *Agathe, agathe;* = *crois, croix, croit, croît;* = *faut, faux.*

Votre oncle habite la ville de *Gray*, où il fabrique à son *gré* des pots de *grès.* Je donnerai cette *agathe* à ma sœur *Agathe.* Je *crois* que le supplice de la *croix* a racheté le genre humain. Mon frère *croit* à tort que son fils ne *croît* plus. Il *faut* t'accoutumer à couper de l'herbe avec ta *faux.*

456°. — *Graisse, Grèce;* = *frai, frais, frêt;* = *reins, Rhin;* = *Eure, heur, heure, heurt.*

Nous avons acheté de bonne *graisse* en *Grèce.* Au moment du *frai* des poissons, par un vent *frais*, nous avons été payer le *frêt* de notre vaisseau. Ce soldat avait du courage et de bons *reins* pour traverser le *Rhin* à la nage. Il n'y a qu'*heur* et malheur dans ce monde. Après avoir navigué pendant une *heure*, il vint un *heurt* qui nous fit sombrer dans l'*Eure.*

457°. — *On, ont;* = *par, pare, pars, part;* = *poêle, poil;* = *pari, parie, Paris.*

On dit que vos parents *ont* vendu leur maison. Je me *pare* de mes plus beaux habits, et je *pars* ce matin *par* le chemin de fer, pour aller recueillir ma *part* de la succession de mon oncle. Je trouvai un long *poil* dans la *poêle.* Je *parie* que tu perdras le *pari* que tu fis à *Paris.*

458e. — *Poing, point;* = *accord, accores, accort, achores;* = *bouilli, bouillie;* = *ça, sa, sas;* = *cerf, serf;* = *chrême, crème.*

Je n'aime *point* le coup de *poing.* Cet homme *accort*, qui a fait un *accord* pour fournir des *accores* aux constructeurs de vaisseaux, a des *achores* à la tête. J'aime mieux manger du *bouilli* que de la *bouillie.* *Çà*, mon ami, il faut passer *sa* farine au *sas.* Autrefois, les seigneurs tuaient un *serf* comme un *cerf.* Le Saint-*Chrême* ne se fait pas avec de la *crème.*

459e. — *Cire, Cyr, sire;* = *coke, coq, coque;* = *cor, corps;* = *cote, côte, cotte, quote;* = *dégoûte, dégoutte;* = *don, donc, dont.*

Sire, nous vous prions d'envoyer de la *cire* pour l'église de Saint-*Cyr.* C'est avec du *coke* que l'on a fait cuire le *coq* de bruyère et ces œufs à la *coque.* Le son du *cor* a retenti dans tout mon *corps.* Cette femme, avec sa *cotte* rouge, se cassa une *côte* et mourut; ses enfants se partagèrent sa *cote*, et payèrent leur *quote*-part des frais et des dépenses. Il me *dégoûte* avec la bave qui *dégoutte* de sa bouche. Le *don* que t'a fait la personne *dont* tu parles, ne te convient *donc* pas?

460e. — *Eu, eux, œufs;* = *flan, flanc;* = *gale, galle, Galles.*

Mes parents habitent la ville d'*Eu* (Seine-Inférieure); cette lettre est pour *eux;* je les prie de m'envoyer un cent d'*œufs* pour la fête. Ce grand niais reçut un *flan* dans le *flanc*, et tomba par terre de peur. Cet habitant de la province de *Galles* a la *gale*, et vend des noix de *galle.*

461e. — *Gard, gare, gars;* = *gaz, gaze;* = *hôtesse, hautesse;* = *haute, hôte, hotte.*

Ce jeune *gars*, avec son cabriolet, culbuta, dans le département du *Gard*, deux gendarmes, sans dire *gare!* J'aperçus la fumée du *gaz* à travers son voile de *gaze.* Sa *Hautesse*, voyageant incognito, ne se fit pas connaître à l'*hôtesse.* Il déposa sa *hotte* dans la chambre *haute* de son *hôte.*

462e. — *Hérault, heraut, héros;* = *il, île, Ille;* = *Ma, mat, mât;* = *ni, nid, n'y.*

Ce *héros*, qui vient en *héraut*, sommer la place de se rendre, est né dans le département de l'*Hérault.* *Il* resta pendant deux ans dans une *île* formée par la rivière d'*Ille.* *Ma* sœur, qui a le teint *mat*, resta suspendue au *mât* du vaisseau. *Ni* mon frère *ni* moi, nous ne dénicherons ce *nid* de fauvettes; nous *n'y* pensons même pas.

463e. — *Pâque, Pâques;* = *pâte, patte;* = *rauque, roc, Roch;* = *but, bute, hutte.*

La *Pâque* des Juifs ne s'écrit pas comme le *Pâques* des Chrétiens. Ce chat me fait *patte* de velours quand je lui donne de la *pâte* de jujube. *Roch*, qui a une voix *rauque*, me mena sur un *roc* escarpé. Nous plaçâmes notre *but* au haut de la *butte* Montmartre, où nous trouvâmes une *bute* de maréchal.

464°. — *Hante, ente;* = *cèle, celle, selle, scelle;* = *aiguayer, égayer;* = *bail, baille, bâille.*

Mon fils, *ente* cet arbre et ne *hante* point les mauvais sujets. *Selle* ton cheval, *scelle* ta lettre et ne *cèle* pas ton secret. Mes filles, il faudra *aiguayer* ce linge avant de vous aller *égayer* dans le jardin. Cet homme qui *bâille* si souvent, *baille* aussi des terres à bail; on l'appelle le bailleur.

465°. — *Chaume, chôme;* = *décèle, descelle, desselle;* = *exauce, exhausse.*

Je veux que ce malheureux *chaume* mon champ, lorsqu'il *chôme* faute de travail. Cet individu *descelle* les gonds de la croisée; il ne *desselle* pas le cheval de son maître, et par ses actions, il *décèle* une âme corrompue. Dieu *exauce* la prière de celui qui l'implore, et il *exhausse* le petit pour confondre le grand.

466°. — *Marchand, marchant;* = *fatigant, fatiguant;* = *fabricant, fabriquant;* = *présidant, président.*

Nous avons rencontré ce *marchand* de toile *marchant* à grands pas. Votre neveu, *fatiguant* la société par son bavardage, est un être bien *fatigant*. Cet homme, *fabriquant* des bretelles, est un *fabricant* très-aisé. Ce magistrat intègre, *présidant* le collège électoral, est le premier *président* de la cour impériale.

467°. — *Adhérant, adhérent;* = *résidant, résident;* = *délace, délasse;* = *pêcheurs, pécheurs;* = *repartit, répartie, répartit.*

Ton frère, *adhérant* à tes principes, n'est cependant pas ton *adhérent*. Mon oncle, *résidant* à Turin, a été nommé *résident* du gouvernement français. *Délace* le corset de la sœur, afin qu'elle se *délasse* de ses fatigues. Jésus-Christ a dit: « De *pêcheurs* de poissons, je vous ferai *pêcheurs* d'hommes; vous convertirez les *pécheurs* ». Le syndic *répartit* la somme entre les créanciers, et *repartit* ensuite pour sa maison.

468°. — *Répands, repends;* = *halait, hâlait;* = *compter, conter;* = *céder, s'aider.*

Mon fils, *répands* de la cendre dans le jardin, et *repends* ce tableau. Le soleil nous *hâlait*, et cet individu *halait* son chien après nous. Je vais *compter* de l'argent, et ensuite le *conter* une histoire. Il faut *s'aider* les uns les autres, et *céder* sa place à ceux qui sont plus élevés en dignité.

469°. — *Vanter, venter;* = *tache, tâche;* = *faner, faonner;* = *allaite, halette.*

On ne peut empêcher le vent de *venter,* ni un orgueilleux de *vanter* son mérite. Mon ami, *tâche* d'enlever la *tache* que tu as faite à ton habit. En allant *faner* nos foins, nous trouvâmes une biche qui venait de *faonner.* Cette femme, qui *halette* si fort, est celle qui *allaite* ton fils.

470°. — *Anoblit, ennoblit;* = *taux, tôt;* = *tard, tare;* = *matin, mâtin;* = *coi, quoi;* = *clause; close;* = *censé, sensé;* = *lace, lasse;* = *extravagant, extravaguant;* = *intrigant, intriguant.*

Cet homme, que le roi *anoblit,* ne s'*ennoblit* pas par sa conduite. *Tôt* ou *tard,* je saurai le *taux* et la *tare* de ses marchandises. Je rencontre ce gros *mâtin* chaque *matin.* De *quoi* s'agit-il? Je vous dis de rester *coi* dans votre chambre. Je mets pour principale *clause* que la porte restera *close.* Cet homme *sensé* est *censé* avoir donné sa démission. *Lace* ta sœur, qui est *lasse* d'avoir couru. Ton cousin, *extravaguant* à tout propos, est un *extravagant* ennuyeux. Lucien, *intriguant* continuellement, est un *intrigant* éhonté.

PETIT
TRAITÉ D'ANALYSE.

DE L'ANALYSE.

1. — *L'Analyse* est l'examen et le compte-rendu des parties qui constituent une phrase, une proposition : *analyser*, c'est décomposer.

2. — Il y a deux sortes d'*analyses* : l'analyse *grammaticale* ou des *mots*, et l'analyse *logique* ou de la *pensée*.

DE L'ANALYSE GRAMMATICALE.

3. — *Analyser grammaticalement* le discours, c'est rendre compte individuellement de tous les mots qui composent une phrase, en indiquant, 1°. à quelle partie du discours ils appartiennent; 2°. quelles fonctions ils remplissent, quels rôles ils jouent, quels sont leurs rapports avec les autres mots; 3°. enfin, ce qu'ils sont et ce qu'ils font, et tout cela d'après les règles de la Grammaire.

4. — L'analyse est comme un phare qui éclaire les élèves dans l'étude de notre langue : c'est une véritable pierre de touche qui distingue sur-le-champ un enfant qui suit des principes, de celui que guide une routine aveugle et très souvent fautive.

5. — *Observation importante.* La première analyse des élèves doit être très-simple. D'abord on leur fait analyser le *nom*, l'*article*, l'*adjectif*, ensuite le *pronom*, puis le *verbe*; en ayant soin toutefois de ne les faire passer à un autre mot, que quand ils ont acquis une connaissance parfaite des précédents. Par ce moyen, on mettra de l'ordre, de la rectitude dans leurs idées, et l'analyse sera ramenée à son véritable usage, qui est de guider les élèves dans la marche sûre et certaine qu'ils doivent suivre, en leur épargnant la peine de retourner sur leurs pas, pour savoir s'ils ne sont pas dans l'erreur. Dans les premiers exercices, on ne leur fera rendre compte que de la nature des mots; mais à mesure qu'ils acquerront de nouvelles forces, ils devront développer graduellement (avec plus de détails) les diverses fonctions des parties du discours, à l'exception des mots invariables.

PREMIER EXERCICE.

6. — Lille est fortifiée. — La Somme traverse Amiens, et tombe dans la mer.

Lille	nom propre de ville, féminin singulier.
est fortifiée. (1)	verbe passif *être fortifié*, au présent de l'indicatif, 3e personne du singulier.
La	article simple, féminin singulier.
Somme	nom propre, féminin singulier.
traverse	verbe actif (transitif) *traverser*, au présent de l'indicatif, 3e personne du singul., 1re conjugaison.
Amiens,	nom propre de ville, masculin singulier.
et	conjonction.
tombe	verbe neutre (ou intransitif) *tomber*, au présent de l'indicatif, 3e personne du singulier, 1re c.
dans	préposition.
la	article simple, féminin singulier.
mer.	nom commun, féminin singulier.

DEUXIÈME EXERCICE.

7. — Ah! nous avons bientôt oublié nos fautes, lorsqu'elles ne sont sues que de nous.

Ah!	interjection.
nous	pronom personnel de la 1re personne plur., sujet de avons oublié.
avons oublié	verbe actif *oublier*, au passé indéf., 1re pers. plur., 1re conjugaison. Son sujet est *nous*, et son complément direct *fautes*.
	(Le participe *oublié* est invariable, parce qu'il est accompagné du verbe *avoir* et suivi de son complément direct.)
bientôt	adverbe.
nos	adj. possessif, féminin pluriel, déterminant *fautes*.
fautes,	nom commun, féminin pluriel, complément direct de *avons oublié*.
lorsque	conjonction.
elles	pronom personnel fém., de la 3e personne plurielle, sujet de *sont*.
ne que	adverbe (signifiant *seulement*).

---

(1) Le verbe passif, nous l'avons déjà dit, n'étant autre chose que le verbe *être* joint au participe passé d'un verbe actif, il serait préférable d'en faire la décomposition, et d'analyser ainsi :

est	verbe substantif être, au prés. indic., 3e pers. du sing.
fortifiée.	participe-adjectif, féminin singulier.

sont sues (1)	verbe passif *être su*, au présent de l'indic., 3ᵉ pers. plur., 4ᵉ conjugaison. Son sujet est *elles*. (Le participe *sues* s'accorde avec le sujet, parce qu'il est accompagné du verbe *être*).
de	préposition.
nous.	pronom personnel de la 1ʳᵉ personne plurielle.

TROISIÈME EXERCICE.

8 — Certes, après la mort, Dieu nous demandera un compte sévère des actions que nous aurons faites.

Certes,	adverbe.
après	préposition.
la	article simple, féminin singulier.
mort,	nom commun féminin singulier.
Dieu	nom propre, masculin sing., sujet de *demandera*.
nous	pron. pers. de la 1ʳᵉ pers. plur., compl. indirect de *demandera* (car *nous* est mis pour *à nous*).
demandera	v. actif, au futur simple, 3ᵉ pers. du sing., 1ʳᵉ conj. Son sujet est *Dieu*, et son compl. direct *compte*.
un	adjectif numéral, masc. sing., déterminant *compte*.
compte	nom commun, m. sing., compl. dir. de *demandera*.
sévère	adjectif qualif., masc. sing., qualifiant *compte*.
des	(*pour de les*) article contracté féminin pluriel.
actions	nom comm., f. plur., antécéd. du pron. relatif *que*.
que	pronom relatif, féminin pluriel, complément direct de *aurons faites*.
nous	pronom personnel de la 1ʳᵉ personne plurielle, sujet de *aurons faites*.
aurons faites.	verbe actif ou transitif *faire*, au futur antérieur, 1ʳᵉ pers. plur., 4ᵉ conj. Son sujet est *nous*, et son compl. direct *que* (pour *lesquelles actions*). (Le participe *faites* est variable, parce qu'il est accompagné du verbe *avoir*, et précédé de son complément direct, le relatif *que*, pour *actions*.)

DE L'ANALYSE LOGIQUE.

9. — L'*Analyse logique* a pour objet de rendre compte des *propositions* et des parties qui les composent.

10. — La *proposition* est l'expression d'un jugement, ou l'énonciation de deux idées, comparées entre elles dans notre esprit.

(1) Ou mieux.

sont	v. subst. *être* au indic. 3ᵉ pers. du plur, 4ᵉ conj. Son sujet est *elles*.
sues	partic. adj. fém. plur. se rapportant à *elles* (les *fautes*).

5

11. — Il n'y a point de proposition possible sans verbe, exprimé ou sous-entendu.

12. — Une phrase se compose d'autant de propositions qu'il s'y trouve de verbes à un mode personnel.

13. — L'indicatif, le conditionnel, l'impératif et le subjonctif sont les *modes personnels*. L'infinitif est le *mode impersonnel*. (Voir notre Grammaire, note 55.)

14. — Toute proposition, *considérée logiquement*, renferme trois parties essentielles : Le *sujet*, le *verbe* et l'*attribut*.

15. — Le *sujet* est l'objet principal de la pensée : il s'énonce par un *nom*, un *pronom* ou un *infinitif*.

16. — Le *verbe* est le mot qui unit l'attribut au sujet. Il s'énonce de deux manières : il y a , 1°. le verbe *distinct* : *Napoléon* ÉTAIT *vaillant* ; 2°. le verbe *composé* ou *attributif* : *La terre* TOURNE, pour *la terre est tournant*.

17. — L'*attribut* est la manière d'être du sujet, la qualité qu'on lui accorde ou qu'on lui refuse : il s'énonce par un *nom*, un *adjectif*, un *pronom*, un *participe présent*, un *participe passé*, ou un *infinitif*.

EXEMPLES :

SUJET.	VERBE.	ATTRIBUT.
Dieu	*est*	*juste.*
Le menteur	*n'est pas*	*croyable.*

Dans le premier exemple, le verbe *est* unit l'attribut *juste* au sujet *Dieu*. Dans le second exemple, le même verbe *est* unit l'attribut *croyable* au sujet le *menteur*.

18. — Outre les trois parties logiques, essentielles, que nous venons d'indiquer, il en est une autre, purement grammaticale, que l'on appelle *complément*, et qui se joint au *sujet* et à l'*attribut*, pour en *compléter* le sens.

19. — Le sujet et l'attribut sont *simples* ou *composés*.

20. — Le *sujet* est *simple*, quand on ne parle que d'un seul être ou objet, ou de plusieurs de même espèce, pris collectivement : LE BAVARD *est ennuyeux.* — LES CHIENS *sont fidèles.*

21. — Le sujet est *composé*, quand on parle de plusieurs êtres ou objets, à chacun desquels convient l'attribut : LE LIÈVRE et LE LAPIN *sont agiles.* — LA COLÈRE et L'ORGUEIL *sont insupportables.*

22. — L'attribut est *simple* quand il n'exprime qu'une qualité du sujet : *L'âme est* IMMORTELLE. — *Les hommes sont* FAIBLES.

23. — L'attribut est *composé* lorsqu'il exprime plusieurs qualités du sujet : *La prospérité est* INSOLENTE *et* FIÈRE. — *Dieu est* JUSTE *et* MISÉRICORDIEUX.

24. — Le sujet et l'attribut sont encore *complexes* ou *incomplexes*.

25. — Ils sont *complexes* quand certains mots se joignent au sujet et à l'attribut, pour en *compléter* le sens : *Le soleil*, SUR LES MONTS, *cuit* (pour est *cuisant*) LA GRAPPE DORÉE. — *Les hommes insolents* DANS LA PROSPÉRITÉ, *sont tremblants* DANS LA DISGRACE.

26. — Ils sont *incomplexes*, lorsqu'ils sont réduits à leur plus simple expression, c'est-à-dire qu'ils n'ont aucune espèce de complément : *La vertu* est *timide.* — *L'homme* parle, pour *l'homme est parlant.*

27. — Il y a deux sortes de propositions : La *proposition principale* et la *proposition incidente*, ou *subordonnée.*

28. — La *proposition principale* est celle qui occupe le premier rang dans la pensée de celui qui parle ou qui écrit ; c'est d'elle que dépendent les autres propositions : L'OR DONNE SOUVENT DE MAUVAIS CONSEILS ; *cependant les hommes le recherchent avec avidité. L'or donne souvent de mauvais conseils*, est une proposition principale : c'est en elle que se trouve le sens *principal* de la phrase ; le reste n'est qu'accessoire.

29. — Il y a deux sortes de propositions principales : La *principale absolue* et la *principale relative.*

30. — La proposition *principale absolue* est celle qui, par elle-même, a un sens complet : LE SOLEIL EST LE FLAMBEAU DU MONDE ; *Dieu l'a fait pour animer la nature.* La proposition : *Le soleil est le flambeau du monde*, est une principale *absolue*, parce qu'elle renferme le sens principal de la phrase, qu'elle est la première énoncée, et qu'elle a un sens complet. *Dieu l'a fait pour animer la nature*, est une principale *relative*, parce qu'elle renferme aussi le sens *principal* de la phrase, et qu'elle a rapport à la principale *absolue.*

NOTA. Il ne peut y avoir dans une phrase qu'une proposition *principale absolue :* elle est généralement la première énoncée.

31. — La proposition *incidente* est celle qui est ajoutée à un des termes d'une autre proposition, pour en compléter la signification : *Le bonheur*, QUE CHERCHENT LES HOMMES, *n'est point dans la volupté. Le bonheur n'est point dans la volupté*, proposition *principale* ; QUE CHERCHENT LES HOMMES, proposition *incidente*, parce qu'elle complète le sujet *bonheur*, dont elle dépend.

32. — Toute proposition qui commence par un pronom relatif ou une conjonction, est généralement *incidente.* Mais les conjonctions *et, ou, ni, mais* n'annoncent une *incidente* qu'autant qu'elles sont suivies d'une autre conjonction, ou d'un pronom relatif.

33. — Il y a deux sortes de propositions incidentes : L'*incidente déterminative* et l'*incidente explicative.*

34. — La proposition *incidente déterminative* ne peut être retranchée, sans détruire ou altérer le sens de la phrase : *Charlemagne est le plus grand prince* DONT LA FRANCE S'HONORE. La proposition *dont la France s'honore*, est une incidente *déterminative :* si on la supprimait, la phrase n'aurait plus de sens vrai.

35. — La proposition *incidente explicative* peut être retranchée sans détruire ni même altérer le sens de la phrase : *L'homme*, QUI SE VANTE D'ÊTRE UN ANIMAL RAISONNABLE, *se ravale souvent au-dessous de la brute.* On peut, sans nuire au sens, supprimer la proposition incidente : *Qui se vante d'être un animal raisonnable.*

36. — Toute proposition, soit principale. soit incidente, est *directe, inverse, pleine, elliptique, explétive,* ou *implicite.*

37. — La proposition est *directe* quand les parties qui la composent, se succèdent selon l'ordre grammatical. c'est à-dire lorsque le sujet, avec son complément, est énoncé le premier. ensuite le verbe, puis l'attribut avec son complément : *L'armée des Français battit* (pour *fut battant*) *complétement les Autrichiens à la bataille de Wagram.*

38. — La proposition est *inverse*, quand les parties dont elle se compose, ne sont point placées dans l'ordre grammatical que nous venons d'indiquer : *Des dehors affectés, le sage se défie.* Pour que la proposition fût directe, il faudrait : *Le sage se défie des dehors affectés.*

39. — La proposition est *pleine*, ou *entière*, quand toutes ses parties essentielles (sujet, verbe et attribut), sont énoncées : *Le mérite est modeste.*

40. — La proposition est *elliptique*, lorsqu'il lui manque une ou plusieurs de ses parties essentielles : *Sois studieux;* le sujet *toi* est sous-entendu.

41. — La proposition est *explétive* quand il y a surabondance de mots, c'est-à-dire *pléonasme: Moi, je pourrais trahir mon père !*

42. — La proposition est *implicite*, lorsqu'elle est exprimée par un seul mot, et sans qu'aucune de ses parties essentielles soit énoncée : *Hélas! pourquoi n'as-tu pas suivi mes conseils?* Le seul mot *hélas!* forme une proposition implicite, car il signifie : *J'en suis fâché;* il renferme conséquemment le *sujet*, le *verbe* et l'*attribut.* Il en est de même de toutes les autres interjections.

MÉTHODE D'ANALYSE LOGIQUE.

43. — 1°. Indiquer le nombre des propositions qui se trouvent dans une phrase; 2°. déterminer si la proposition est *principale, absolue, relative, incidente, déterminative, explicative;* 3°. indiquer les parties essentielles ; 4°. dire si le sujet et l'attribut sont *simples* ou *composés, complexes* ou *incomplexes;* 5°. indiquer les mots qui forment le *complément;* 6°. dire si la proposition est *directe, inverse, pleine*, etc; 7°. si la proposition est *elliptique*, indiquer les mots sous-entendus; 8°. enfin, si elle est *implicite*, mettre les mots nécessaires à sa construction.

FIN.

TABLE.

Amiens. Typographie de CARON et LAMBERT.

Autres Ouvrages de M. S. PAUCHET :

ÉLÉMENTS DE LA GRAMMAIRE FRANÇAISE, par **Lhomond**, professeur-émérite en l'Université de Paris, avec des notes explicatives, un Questionnaire, etc., par un ancien maître de Pension ; — nouvelle édition, revue, corrigée et augmentée. Un volume in-12 ; prix, cartonné, 40 c.

EXERCICES ORTHOGRAPHIQUES gradués et calqués sur les *Nouveaux Éléments de la Grammaire Française de Lhomond*, suivis d'Exercices sur les homonymes et d'un petit traité d'analyse à l'usage des Écoles primaires. Nouvelle édition complètement refondue. Un vol. in-12, cartonné, 40 c.

———

PETIT COURS D'ARITHMÉTIQUE ÉLÉMENTAIRE, en 52 Leçons ; suivi d'un Recueil de 1200 Problèmes, gradués et variés, sur toutes les opérations ordinaires du calcul, et principalement sur le Système métrique, *à l'usage des Écoles primaires*. Nouvelle édition, revue avec soin. Un vol. in-18 ; cart. 1 fr.

ARITHMÉTIQUE DES COMMENÇANTS, ou ABRÉGÉ FACILE D'ARITHMÉTIQUE, par demandes et par réponses, avec 600 Problèmes gradués, pour servir d'introduction au *Petit Cours d'Arithmétique élémentaire en 52 leçons*, etc.; nouvelle édition. Un volume in-18, cartonné, 60 c.

RÉPONSES ET SOLUTIONS RAISONNÉES des Exercices et des Problèmes du PETIT COURS D'ARITHMÉTIQUE, en rapport avec la nouvelle édition. Un volume in-18, cartonné, 1 fr.

LIVRET DES RÉPONSES aux 600 Problèmes de L'ARITHMÉTIQUE DES COMMENÇANTS. Brochure in-18, 25 c.

———

GÉOGRAPHIE DES COMMENÇANTS, ou ABRÉGÉ FACILE DE GÉOGRAPHIE, par demandes et par réponses, pour servir d'introduction au *Petit Cours élémentaire de Géographie générale*, et principalement de *Géographie de la France*, etc. Un vol in-18, cart., 60 c.

———

LECTURE DES COMMENÇANTS, ou ALPHABET MÉTHODIQUE, APPROPRIÉ A TOUS LES SYSTÈMES. Brochure in-18, 10 c.

www.ingramcontent.com/pod-product-compliance
Lightning Source LLC
Chambersburg PA
CBHW052058270326
41931CB00012B/2806